バスケットボール
戦術の基本と実戦での生かし方 新版

TACTICS OF BASKETBALL

千葉大学バスケットボール部監督
日高哲朗 著

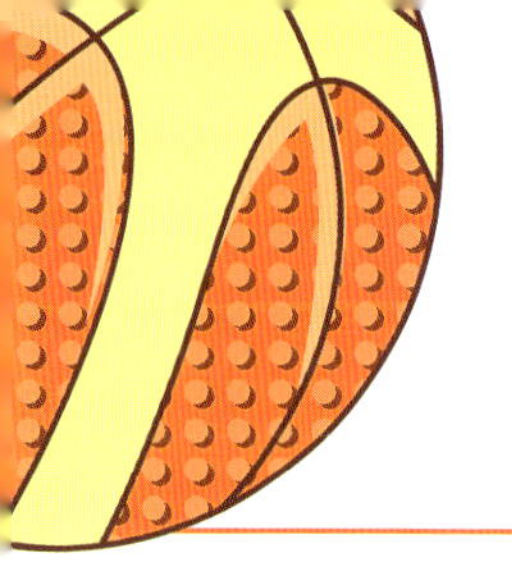

はじめに

2002 年の世界選手権。アメリカ代表チームは、当時、NBA で活躍する選手を集めたにもかかわらず、6 位という散々な結果に終わりました。大会後、アメリカ代表チームに下された評価の内容は、上位3チーム（1 位ユーゴスラビア、2 位アルゼンチン、3 位ドイツ）に比べ、個々の身体能力では優れていたが、技術やチームワーク、戦術面で劣っていた、というものでした。

そして、2004 年のアテネ五輪で、アメリカ代表チームは、アルゼンチン、イタリアに次ぐ3位。プロの参加が認められた 1992 年のバルセロナ五輪以降初めて金メダルの獲得を逃し、2 年前に下された評価を裏づける結果となってしまったのです。アメリカ代表チームにとって、バスケットボールという競技が、速く走ったり、高く跳んだりという身体能力だけで勝てるものではないと、改めて思い知らされた大会でした。

プリンストン大学の元ヘッドコーチ、ピート・キャリル氏は「賢くプレーしろ」と言い、また「賢さが力を凌駕する」とも言いました。身体能力や技術もさることながら、いかにそれを使いこなすかが大切だと指摘しているのです。「どのようにプレーすべきか」という「戦術」があってこそ、その身体能力や技術が生かせることを忘れてはいけません。スピードや筋力は絶対に必要ですが、「賢さ」がともなってこそ、その本当の威力を発揮できるのです。

私は、それらの学びをもとに、常日ごろから「戦術」を重視した指導を行ってきました。本書では、私自身が考える「勝利につながる戦術」の解説をしています。本書を読んで、「賢い」プレーを身につけ、身体能力と力だけの選手やチームに勝てるプレーヤーになってほしいと思います。

日高哲朗

CHIBA
UNIV.
4
91

バスケットボール
戦術の基本と実戦での生かし方
TACTICS OF BASKETBALL

Contents

はじめに …………… 2
本書の見方 ………… 8

CHAPTER 1 個人戦術 オフェンス …… 9

01 トリプルスレットポジションを取る理由 10
02 ストップとピボットの有効な使い方 12
03 インターセプトされにくいパスとは? 14
04 インサイドへのパスを確実に入れるコツ 16
05 ドリブルを長い時間行ってはいけない理由 18
06 ジャブステップでディフェンスの体勢を崩す 20
07 不利な体勢から攻める方法 22
08 パスした後の動き方のセオリーを知る 24
09 ローポストからの得点パターンを知っておく 26
10 背が高い選手にマークされたときの攻略法 28
11 シュートを打つタイミングの見極め方 30
12 ディナイディフェンスに対応する 32
13 キャッチ&シュートのメカニズムを知る 34
14 シュートの距離を伸ばす体の使い方 36
15 ドリブルジャンプシュートを武器にする 38
16 レイアップシュートを確実に入れるポイント 40
17 ステップでレイアップシュートの精度を上げる 42
18 シュートの調子が悪いときの対策を立てる 44
19 オフェンスリバウンドの確率の上げ方 46
Column1 得点力アップに直結する様々なシュート技術 48

CHAPTER 2 個人戦術 ディフェンス

CHAPTER 2 個人戦術 ディフェンス …… 49

01 予測とヒット&ジャンプでディフェンスリバウンドを取る 50
02 ボールを持ったプレーヤーの守り方 52
03 ボールを持っていないプレーヤーの守り方 54
04 ドリブルに対するディフェンスの仕方 56
05 ローポストで得点を許さない守り方 58
06 ハイポストのプレーを抑える方法 60
Column2 その戦術はホントに役立つ？ 学んだことは検証しよう 62

CHAPTER 3 グループ戦術 オフェンス

CHAPTER 3 グループ戦術 オフェンス …… 63

01 ドリブルで安全にボールを運ぶコツ 64
02 パスでフロントコートにボールを進める方法 66
03 スクリーンを使ったボールの運び方 68
04 ドリブルウィーブを使ってボールを前進させる 70
05 インサイドにボールを入れることの効果を知る 72
06 ローポストプレーを生かすウイングの動き方 74
07 パス&ランを使ってシュートチャンスを作る 76
08 ドライブ&キックの基本的な合わせを知る 78
09 スクリーンを使ってシュートチャンスを作る 80
10 ピック&ロールを使って攻める 82
11 クロススクリーンでチャンスを作る 84
Column3 ポストポジションと役割を正確に知っておく 86

CHAPTER 4 グループ戦術 ディフェンス

CHAPTER 4 グループ戦術ディフェンス ……87

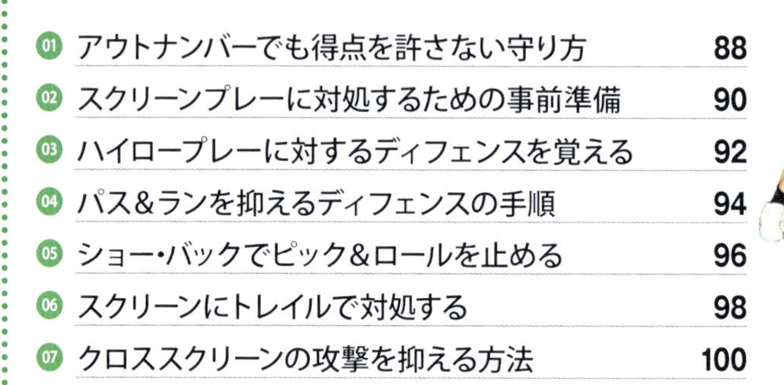

01 アウトナンバーでも得点を許さない守り方 88

02 スクリーンプレーに対処するための事前準備 90

03 ハイロープレーに対するディフェンスを覚える 92

04 パス&ランを抑えるディフェンスの手順 94

05 ショー・バックでピック&ロールを止める 96

06 スクリーンにトレイルで対処する 98

07 クロススクリーンの攻撃を抑える方法 100

Column4 パフォーマンスを左右する「プライド」と「責任感」 102

CHAPTER 5 チーム戦術 オフェンス

CHAPTER 5 チーム戦術オフェンス ……103

01 守っているときが得点の最大のチャンスだと知る 104

02 得点につながる速攻の作り方 106

03 セカンダリーブレイクで得点する方法 108

04 攻撃の糸口を見つける方法を知る 110

05 プレーヤー同士の距離感でチャンスを広げる 112

06 ボールを展開するメリットを知る 114

07 ボール離れのよいプレーヤーになる 116

08 パターンオフェンスとフリーオフェンスの使い分け 118

09 プレスディフェンスには余裕を持って対処する 120

10 ゾーンディフェンスの攻め方のコツ 122

11 どんな隊形にも対応できるゾーンプレスの破り方 124

12 オフェンスリバウンドは3人+1人で奪いにいく 126

Column5 攻撃パターンが無数に広がるモーションオフェンス 128

CHAPTER 6 チーム戦術 ディフェンス……129

01 ディフェンスピックアップの原則を知る 130
02 セオリーを共有してマンツーマンを強固にする 132
03 ドライブをきちんと止めるヘルプディフェンス 134
04 トラップでディフェンスを攻撃的にする方法 136
05 ゾーンディフェンスを成功させるには? 138
06 ゾーンとマンツーマンのメリットを生かす 140
07 ゾーンプレスでゲームを有利に進める 142
08 相手のスーパースターに得点させない方法 144
09 チェンジングディフェンスで相手を惑わせる 146
Column6 「賢さ」こそが一流選手になるための絶対必要条件 148

CHAPTER 7 ベンチワーク……149

01 勝敗を左右するベンチメンバーの選び方 150
02 試合を優位に進めるタイムアウトの取り方 152
03 テンポを変えてゲームを支配する 154
04 試合の流れを変えるメンバーチェンジとは? 156

おわりに………158

本書の見方

複雑な動きをコート図でわかりやすく解説

本書では、プレーヤーやボールの動きを理解しやすくするために、戦術を図解しています。アイコンや矢印、マークの意味は、以下の通りです。

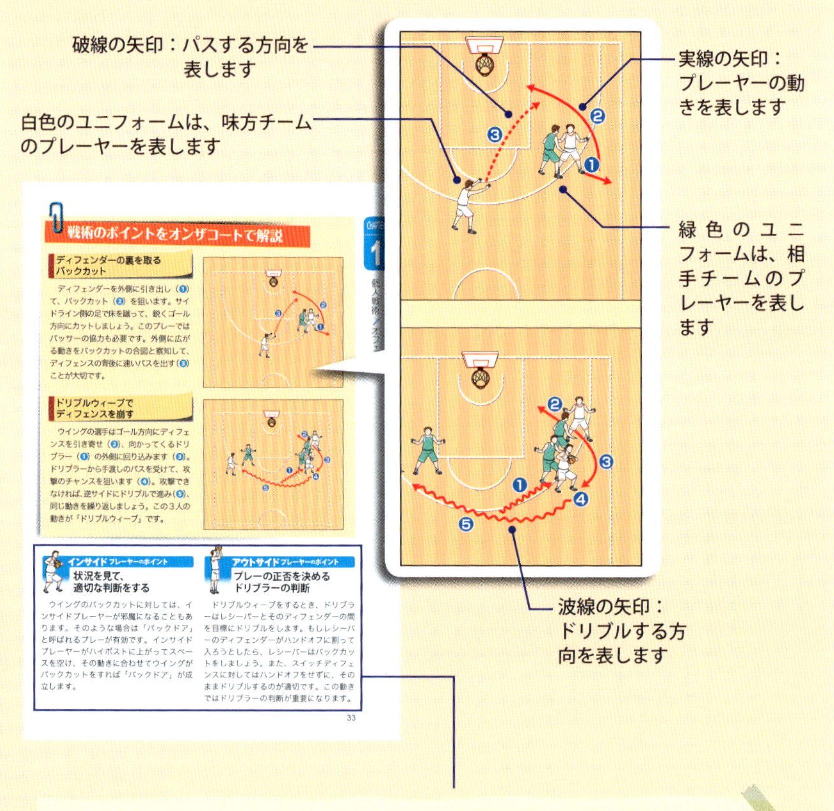

インサイドプレーヤーとアウトサイドプレーヤーのポイント

同じシチュエーションでも、インサイドプレーヤーとアウトサイドプレーヤーでは、気をつけなければいけないことが違います。本書では、それぞれのプレーヤーのポイントを分けて解説しています。もちろん、インサイドプレーヤーもアウトサイドでプレーしなければいけませんし、その逆もあります。どちらにも目を通しておきましょう。

CHAPTER 1

個人戦術

オフェンス

OFFENSE

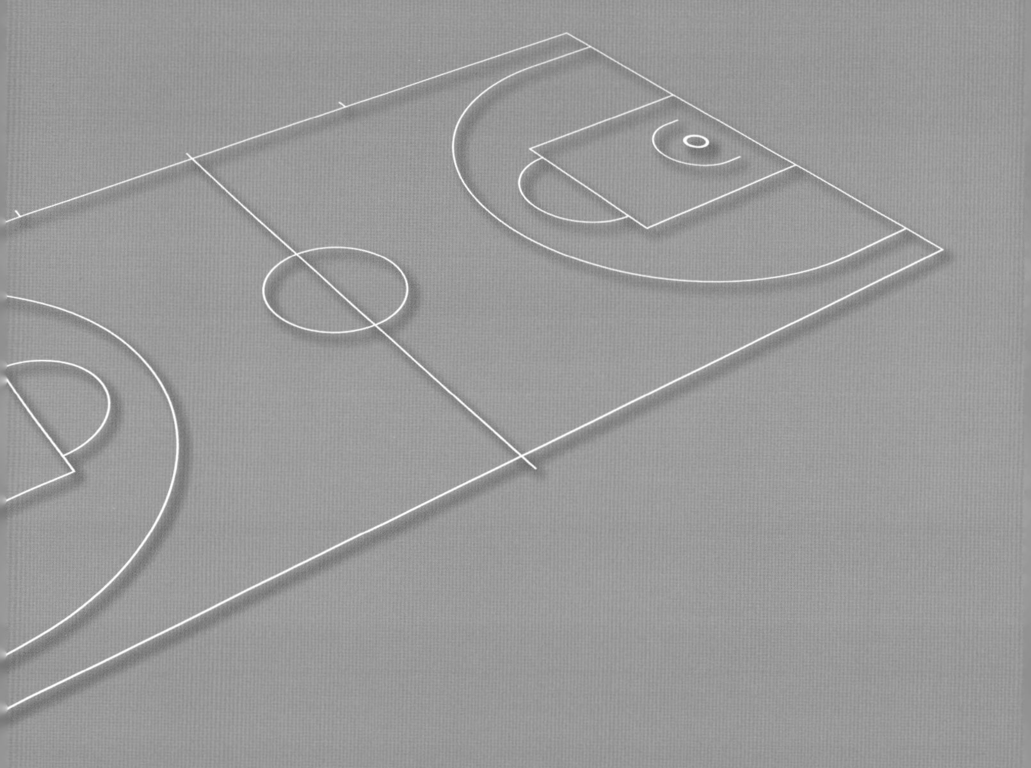

個人戦術｜オフェンス

01 トリプルスレットポジションを取る理由

**正しい基本姿勢ができればパフォーマンスは上がる!!
技術向上の土台となるトリプルスレットポジションを知ろう。**

スポーツをプレーするうえで、正しい基本姿勢を身につけることは大切です。バスケットボールにも基本姿勢があり、一流選手はおしなべてよい姿勢でプレーしています。ボールを受けたときの理想の姿勢は「トリプルスレットポジション」と呼ばれています。ボールを受けた後、選手が次にできることは、シュート、ドリブル、パスのいずれかです。これらの３つの動作に、無理なくすぐに移られる姿勢なので、そう呼ばれています。

ポイントは胸の前で指先を上に向けてボールを保持することです。例えば、指先が前を向くような持ち方で、お腹の前にボールを保持すると、その姿勢からすぐにパスを出すことは難しいし、ジャンプシュートを打とうとしても、少なくともクイックで打つことはできません。もちろん頭の上に構えたり、両ひざの間に保持したりしても、いずれかのプレーが難しくなります。

胸の前にボールを保持することで、シュート、ドリブル、パスという３つの技術をいつでもすぐに使えるのです。そのためには、よい姿勢が大切です。両足を肩幅に開き、ひざを曲げ、背筋を伸ばし、あごを上げて視野を広く確保することで、状況に応じた次の動作に素早く移られるのです。

日髙先生の うまくなる！ 強くなる！ ３つのポイント

- 指先を上に向けて、胸の前にボールを保持する
- 両足は肩幅に開き、ひざを曲げる
- 背筋を伸ばし、上体を起こし、視野を広く確保する

戦術のポイントをオンザコートで解説

前から見たトリプルスレットポジション

胸とあごに近い位置で、利き手（写真では右手）の指先を上に向けてボールを保持します。利き手の甲側の手首の辺りにシワができるように、手首を折り曲げてボールを保持し、ひじはやや外側に張ります。あごを上げて視野を広く確保し、両足を肩幅に開いて、ひざを曲げます。全身に過度の力を入れず、リラックスして構えましょう。

横から見たトリプルスレットポジション

正しいトリプルスレットポジションでは、ひざがしっかりと曲がっています。ただし曲げすぎても動きにくいので、次の動作に移りやすい、自分に一番適したひざの曲げ具合を見つけることが大切です。また重心が前にも後ろにもかかりすぎないように気をつけ、両足均等加重を意識し、どの方向にも素早く動けるようにします。

インサイドプレーヤーのポイント
ひじを高くしてディフェンダーを防ぐ

インサイドプレーヤーがトリプルスレットポジションを取るときは、ひじを高く上げて、ディフェンダーの手がボールに触れるのを防ぎます。スタンスは、アウトサイドプレーヤーよりも広くして身体接触に備えます。また、ディフェンダーに背中を向けてボールを持っているときは、肩越しに相手を見るようにしましょう。

アウトサイドプレーヤーのポイント
素早く動ける姿勢をすぐに取る

ゴールに正対するアウトサイドプレーヤーは、前後左右に素早く動けるように、ボールを受けたらすぐにトリプルスレットポジションを取る必要があります。特にボールを保持する位置が重要です。ボールを受けたらすぐに胸とあごの両方に近い位置にボールを移動させ、シュート、ドリブル、パスをいつでも使えるようにしておきましょう。

個人戦術｜オフェンス

02 ストップとピボットの有効な使い方

おろそかにしがちな「ストップ」と「ピボット」の技術。確実なストップと的確なピボットはレベルアップへの第一歩。

バスケットボールの特徴的な技術の一つに「ストップ」と「ピボット」があります。コートの中を自由自在に駆けめぐるには、ストップの高い技術が必要です。ひざを曲げることによって、動作の勢いを緩衝できるようになりましょう。陸上100ｍ走のスプリンターも、コートの上ではバスケットボールプレーヤーのスピードにはついてこれません。速いスピードを保ったままストップの技術を生かして急激に方向を変えたり、ストップとスタートを繰り返してペースを変える動きは、一直線に走る陸上のそれとは異なるからです。

また、ドリブルをした後にボールを持って止まったら、それ以上、ドリブルで移動することはできません。このときディフェンスにプレッシャーを受けたら、それを振りほどくために必要な技術がピボットです。実際、ピボットができるかどうかを見るだけで、バスケットボールの経験年数を推察できるほどです。

ピボットを踏むときに大切なことは、ピボットフット（軸足）の使い方です。ついフリーフット（動かせる足）に目が行きがちですが、軸足の使い方、特にひざとかかとの動きをうまく連動させると、素早く効果的なピボットを踏むことができ、フリーフットをスムーズに動かすことができます。ピボットフットのかかとを少し浮かせて、ひざの動きを先行させてピボットを行うのがコツです。

日高先生の うまくなる！強くなる！ 3つのポイント

- ストップするときはしっかりとひざを曲げる
- ピボットは動かせる足ではなく、軸足の使い方がカギ
- ピボットフットのかかとを少し浮かせ、ひざの動きを先行させる

戦術のポイントをオンザコートで解説

2つのストップを使い分ける

ストップにはジャンプストップ（両足が同時に着地するストップ）とストライドストップ(片足ずつ交互に着地するストップ)があります。ジャンプストップ（写真）をすれば、どちらの足をピボットフットにしても構いません。ストライドストップは先に着いた足がピボットフットになります。スピードのある動きのときに使われます。

ピボットは軸足がポイント

ピボットは、ピボットフット（写真では左足）のかかとを少し浮かせ、ひざの動きを意識的に先行させるようにするとスムーズに行えます。また、フリーフット（写真では右足）を一度ピボットフットに引き寄せてから、行きたい方向に踏み出すと、体のバランスを崩さずにスピードのあるピボットを踏むことができます。

インサイドプレーヤーのポイント

ピボットの技術がオフェンス力を左右する

インサイドプレーヤーは、ゴールの近くでゴールに背を向けてボールを受けることが多くなります。このときに様々なステップやターンにつながるピボットの技術が大いに役立ちます。一つのピボットでディフェンスを振り切り、シュートに持ち込むこともできるのです。インサイドプレーヤーにとってピボットは必須の技術です。

アウトサイドプレーヤーのポイント

ストップの工夫次第で相手を抜きやすくなる

ボールを受けるときにストップの仕方を工夫して、自分を守っているディフェンダーとの間にズレを作れば、シュートに持ち込めるし、ドリブルで抜きやすくなります。逆にボールを受けたときのストップで戸惑っていると、ディフェンスにプレッシャーをかけられ、ボールを失う原因にもなります。

個人戦術｜オフェンス

03 インターセプトされにくいパスとは？

パスのミスは自ら攻撃権を放棄することにほかならない。安全に正確にパスを通すことは、得点の可能性を広げることにつながる。

パスの正否は、パッサーとレシーバーの共同作業の結果です。安全に確実にパスを通すためには、タイミングとコースをお互いによく認識しておく必要があります。

そのためには、どのようにインターセプトされるのかを知らなければなりません。注目してもらいたいのは、ディフェンスは必ず手のひらを使ってインターセプトする、ということです。サッカーのように頭や足などを使ってボールに触れることはありません。必ず手のひらを使います。つまりインターセプトされるのは、レシーバーだけを見て、ディフェンスの手のひらの位置と動きを見ていないからです。ディフェンスの手のひらの届かないところにパスを通すようにしましょう。そのためには、パッサーがその位置にパスを出すことも必要ですが、レシーバーが動くことも大切です。

もう一つ大切なのは、パスを出すタイミングです。パスを出すときに予備動作があるとディフェンスにタイミングを合わされてしまいます。予備動作は「これからパスを出すぞ」とディフェンスに教えているようなものだからです。予備動作のないノーモーションのパス動作が、インターセプトされるのを防ぐのです。

もちろん、レシーバーがキャッチして次の動作に移りやすいパスを出すことも忘れてはいけません。

- ディフェンスの手のひらの位置と動きをよく見る
- 予備動作のないノーモーションのパスを出す
- レシーブしやすいパスを出す

戦術のポイントをオンザコートで解説

ディフェンダーの手が届かない位置からパスを出す

レシーバーが自分のディフェンダーを振り切っていた場合、パッサーは目の前のディフェンダーの手のひらの外側を通すパスをすればインターセプトされません。このとき、お腹や胸の前からパスを出すのではなく、体の中心から遠ざけた位置からパスを出すとより安全です。

ディフェンダーの手のひらをかわしてパスを出す

目の前のディフェンダーの背後にパスを通そうとするとき、ディフェンダーの手のひらが動く範囲を知っておくことが重要です。手のひらは頭上からひざの高さまで移動することができますが、ひじの下と耳の近く、そして足元には動かしにくいのです(写真の●印の箇所)。そこを狙ってパスをするようにしましょう。

インサイドプレーヤーのポイント
パスをする方向にしっかり体を向ける

パスの基本は、「両足が床についていること」、「両目でレシーバーを確認すること」、「つま先、肩、腰をレシーバーに向けること」です。特にインサイドプレーヤーが逆サイドにパスを展開するときに、これらを怠ってインターセプトされるケースがあります。パスを受けた後、ピボットやターンをしっかり行ってからパスを出すことを心掛けましょう。

アウトサイドプレーヤーのポイント
パッサーはパスのタイミングを悟らせない

パスフェイクをすると、その動きには反応されますが、次の瞬間、ディフェンスの動きは止まります。その瞬間を狙って、予備動作のない「ノーモーション」でパスをしましょう。ドリブルを終えた後に予備動作のあるパスをするとインターセプトされやすいので注意してください。相手にパスのタイミングを悟らせないことが、インターセプトされるのを防ぎます。

CHAPTER 1 OFFENSE

個人戦術｜オフェンス

04 インサイドへのパスを確実に入れるコツ

インサイドにボールを入れると、多彩な攻撃が展開できる。そのためには確実にインサイドプレーヤーにパスを入れるコツを知っておきたい。

インサイドからの得点は、試合の勝敗を大きく左右します。ゴール下での得点は、速攻やドリブルレイアップシュート、あるいはオフェンスリバウンドからも行われますが、「インサイドでパスを受けてシュート」というプレーをいかに多くできるかがハーフコートオフェンスのポイントになります。そのため、インサイドに確実なパスを通す技術を身につける必要があるのです。

インサイドにパスを通すことは簡単ではありません。その理由として、２人のディフェンダー、つまりパッサーとレシーバーそれぞれのディフェンダーをかわしてパスを通さなければならないからです。確実にパスを通すためには、パッサーとレシーバーの適切な位置関係を知っておくべきです。ゴールを１、レシーバーであるインサイドプレーヤーを２、パッサーであるアウトサイドプレーヤーを３とすると、これら３つを結ぶ直線ができたとき、最も安全にパスを通せます。「１－２－３の原則」として覚えておきましょう。この形を意識的に作ることが大切なのです。

パッサーは、レシーバーのディフェンダーから遠いところにパスを狙います。レシーバーが差し出すターゲットハンドのボール１個分外側が目標です。レシーバーがパッサーに対してターゲットハンドを示していないときは、まだパスを欲しがっていないと考えるべきです。ターゲットハンドがパスを要求する合図だと考えましょう。

日高先生の うまくなる！ 強くなる！ ３つのポイント

- パッサー、レシーバー、ゴールが一直線になるように
- パスはディフェンダーから遠いところを狙う
- レシーバーはターゲットハンドを出す

戦術のポイントをオンザコートで解説

「1－2－3の原則」を知る

ゴール（❶）、インサイドプレーヤー（❷）、アウトサイドプレーヤー（❸）が一直線になっているとき、最も安全にパスを入れることができます。これを「1－2－3の原則」といいます。ローポストにパスを入れる場合、アウトサイドプレーヤーはフリースローラインの延長線上よりもエンドライン側に立ちましょう。

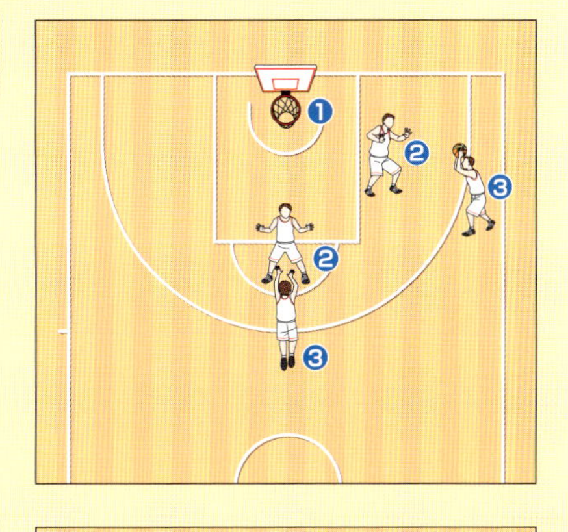

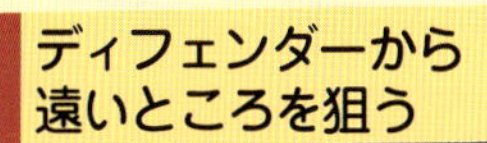

ディフェンダーから遠いところを狙う

パッサーは、レシーバーの左側にディフェンダーがいれば右側を、右側にいれば左側を狙うなど、ディフェンダーから遠いところにパスを出すのが原則です。レシーバーの前にディフェンダーがいれば、山なりのパスを出します。

ディフェンダーの位置をよく見てパスの種類を考えることが大切です。

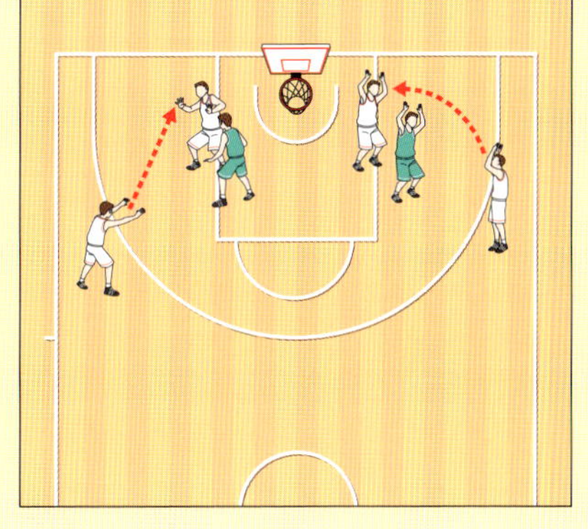

インサイドプレーヤーのポイント
ターゲットハンドを差し出す

インサイドプレーヤーは自分のディフェンダーに体を密着させて、ディフェンダーから遠い方の手を大きく横に出します。これは「この手にパスが欲しい」と示すサインで、「ターゲットハンド」といいます。パスの成功には、ターゲットハンドが重要な役割を果たします。また、レシーバーにディフェンスを振り切る力があれば、パッサーの負担は大きく軽減します。

アウトサイドプレーヤーのポイント
ドリブルを使ってパスの角度を変える

インサイドのディフェンダーの位置をよく見るのと同時に、自分のディフェンダーの手のひらの位置にも気をつけます。パスフェイクを行い、ディフェンスの手を動かし、その手が止まった瞬間にパスを出すといいでしょう。ドリブルで移動し、レシーバーとの角度を変えると、パスを入れやすくなることもあります。ドリブルをうまく使えば、パスの技術は格段に進歩します。

個人戦術｜オフェンス

05 ドリブルを長い時間行ってはいけない理由

長い時間、ドリブルし続けるプレーヤーを見かけないだろうか。そのプレーは、気づかぬうちにチームオフェンスを壊してしまう。

意味もなくドリブルをし続けると、ほかのプレーヤーはドリブラーの意図が分からず、どう動いてよいか困惑し、立ち止まってしまいます。その結果、オフェンスの流れが止まり、チームオフェンスは機能しなくなります。

ドリブルは目的を持って行うことが重要です。そしてドリブルはできるだけ最小限に抑え、全員でボールをシェア（共有）するようにしましょう。

ドリブルの目的にはどんなものがあるか、それを知っておくべきです。その目的には、「ボールをフロントコートに進める（ボールダウン）」「ドリブルペネトレート（ドライブ）をする」「パスのアングル（角度）を変える」「危険な場所から逃れる」「プレッシャーをかわす（プレッシャーリリース）」「攻撃のサイドを変える」「スペースを作る」「パスのタイミングを計る」などです。目的のない無駄なドリブルは、極力、控えるようにしましょう。

ただし、パスができないのにドリブルを止めてはいけません。パスを出す相手が見つからないときには、たとえ長くなったとしてもドリブルを続けざるを得ません。ドリブルを終えた瞬間には、手元からボールが離れているようにすべきなのです。

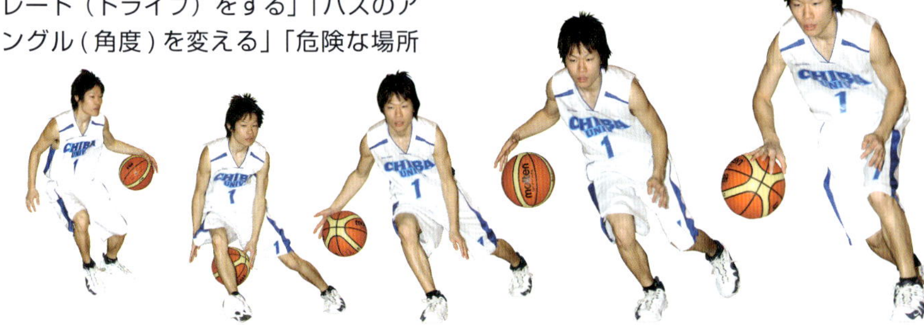

日高先生の うまくなる！強くなる！ 3つのポイント

- ドリブルは目的を持って行う
- 1人で長い時間、ドリブルをしすぎない
- ドリブルが終わったときに、手元にボールを残さない

戦術のポイントをオンザコートで解説

ドリブルの目的を知る

ドリブルをする目的には、「ボールをフロントコートに進める（ボールダウン）」「ドリブルペネトレート（ドライブ）をする」「パスのアングル（角度）を変える（図上）」「危険な場所から逃れる」「プレッシャーをかわす（プレッシャーリリース）」「攻撃のサイドを変える」「スペースを作る」「パスのタイミングを計る」などがあります。パスのアングルを変えると、より安全で正確なパスをすることができます。

また、プレーヤーが密集してしまい、動くために必要なスペースが狭くなったときに、ドリブルでスペースを広げるような動き（図下）をすると、次の攻撃が展開しやすくなります。

インサイドプレーヤーのポイント
ドロードリブルでディフェンスを押し込む

ディフェンダーと密着した状態でいることが多いインサイドプレーヤーは、「ドロードリブル」を身につけましょう。ドロードリブルとは、ディフェンスを背にして、サイドステップのように足を横に移動させながら、自分の両足の間で安全にボールをつくドリブルのことです。ドリブルにはディフェンスを押し込んでいき、シュートチャンスをうかがう目的もあります。

アウトサイドプレーヤーのポイント
目的に合ったドリブルを使いこなす

ドリブルはボール運びやドライブだけに使われるのではありません。パスのアングルを変えたり、スペースを作ったり、次の動きのタイミングを計るためのドリブルが使えるようになると、プレーの幅が広がり、さまざまなケースで主導権を握られるプレーヤーになります。

個人戦術｜オフェンス

06 ジャブステップでディフェンスの体勢を崩す

**ボールを受けてから、いかにディフェンスの体勢を崩すか……。
ディフェンダーに正対したときに役立つ、ジャブステップの効果を知ろう。**

ディフェンダーに正対した姿勢でボールを持っているときは、ジャブステップが有効です。ジャブステップとは、ディフェンダーと正対した姿勢から、片方の軸足を動かさずに、もう片方の足で前方にわずかな距離のステップを踏むことです。このとき、両足に均等に加重することを心掛け、バランスを崩さないようにします。

このステップを踏んで少しディフェンダーとの距離を縮め、そのときのディフェンダーの反応によって、次のプレーを選択します。もしこのステップに反応しなかったら、ジャブステップで踏み出した足をさらに前方に大きく踏み出してドリブルを突き、ディフェンスを抜き去ります。ジャブステップで行う踏み出しが大きいと、さらに足を踏み出すときに距離を稼げなくなるので、ディフェンダーに簡単に対応されてしまいます。一方、ディフェンダーがこのステップに反応し一歩横に動いたら、逆側に足を踏み出して抜きます。このとき、ディフェンダーの前足側を抜くことになります。ディフェンダーにとって、前足を後方に引くステップは素早く行うのが難しいということも覚えておくといいでしょう。

ジャブステップは、頭、目、ボールあるいは上体を使ったフェイクを組み合わせると、さらに効果があります。

日高先生の うまくなる！ 強くなる！ 3つのポイント

- ディフェンダーと正対したときはジャブステップが有効
- ジャブステップへのディフェンダーの反応を観察する
- ディフェンダーの反応の仕方によって、左右どちらかを攻める

戦術のポイントをオンザコートで解説

ジャブステップに対する相手の反応を見る

ディフェンダーと正対したときは、片方の足で前に細かいステップを踏んで、ディフェンダーに「抜くぞ」と思わせます。ジャブステップに対するディフェンスの動きをよく見て、次の動作を決めましょう。反応しなければそのまま足を大きく踏み出して抜き、反応して動けば、逆側を攻めます。

Vカット、スラストステップを使ってマークを外す

ボールを持っていない選手がボールを受けるために動く方向は、基本的に前後左右の4方向。このとき自分の行きたい方向とは逆方向にゆっくりと2～3歩動いて、そこから行きたい方向に鋭く飛び出しましょう。このときの移動の軌跡がＶの字になることから、この動きは「Vカット」と呼ばれています（図上）。

また、フリースローラインやフリースローレーン（制限区域を形成している縦のライン）に沿って移動すると、ディフェンスがコースを遮りにきます。このときディフェンスに自分の体を当ててから、アウトサイドに飛び出してもボールを受けることができます。これは「スラストステップ」と呼ばれています（図下）。

個人戦術｜オフェンス

07 不利な体勢から攻める方法

ディフェンダーに対して体が横向きの状態から攻める技術「ウェッジ」。多彩な攻撃パターンを身につけて１対１に強くなろう。

ディフェンダーの強いプレッシャーを受けながらパスを受けたとき、相手に正対することができずに、背中を向けたような体勢になってしまうことがあります。ここで紹介するのは、そのような体勢から上手に攻める方法です。たとえ、ディフェンダーに正対できなくても、ターンをして横向きの体勢になれれば、そこから様々な攻め方ができることを知っておきましょう。また、横向きの体勢から攻める（これを「ウェッジ」と呼ぶ）と、素早くシュートに移れたり、相手にとって守りにくいなどのメリットもあります。

ゴール側からアウトサイドに飛び出し、トップからのパスを右サイドのウイングで受けるときを考えます。ディフェンダーのプレッシャーが強いと、空中でボールをキャッチした後、相手に背中を向けるようにして着地することになりますが、軸足が右足のときは左足を後方に引くようにしてバックターンを行い、ディフェンダーに対して横向きの体勢になります。その体勢からなら、左足でジャブステップを踏んで、相手の出方を見ながら攻めることができます。ボールをキャッチした後、軸足が左足のときは、右足を後方に引くようにしてバックターンを行って横向きの体勢になり、右足でジャブステップを踏んで攻めます。これらの攻め方はローポストやハイポストでも応用できます。ぜひ、身につけてほしい技術です。

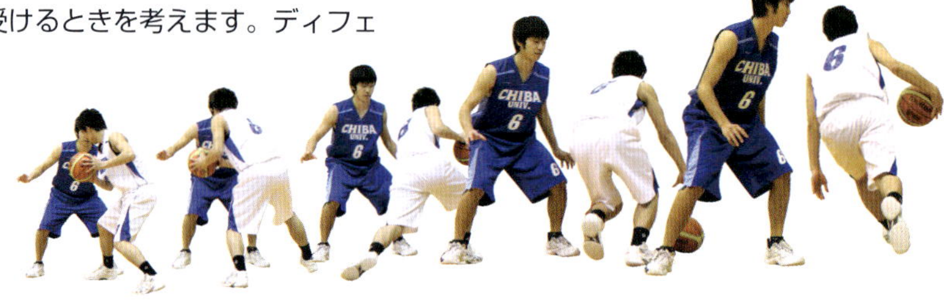

日高先生の うまくなる！ 強くなる！ ３つのポイント

- バランスのよいストップ動作でボールを受ける
- ディフェンダーに対して横向きの体勢になって攻める
- ジャブステップを踏んで相手を崩す

戦術のポイントをオンザコートで解説

横向きの体勢から ジャブステップで攻める

ディフェンダーに対して横向きの体勢になったら、フリーフット（写真では右足）を小さく踏み出すジャブステップを行って、相手の反応を見ます。このとき、ボールは軸足側（写真では左足）に保持して、相手にスナップされないようにします。

ジャブステップで ドライブコースができる

ジャブステップに対するディフェンダーの反応を見て、エンドライン側かミドル側のどちらかをドライブで攻めます。ジャブステップによって、ディフェンダーがどのようなポジション取りやスタンスで守るのかを見極め、ドリブルをしっかり突き出して、相手を一気に抜き去りましょう。

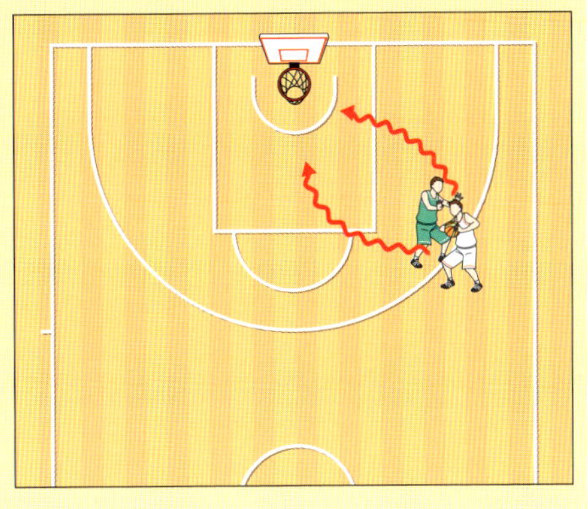

インサイドプレーヤーのポイント インサイドからはシュートも狙える

ハイポストやローポストで行うウェッジでは、ドライブだけではなく、ジャンプシュートで攻めることもできます。右手でシュートを打つプレーヤーなら、左足を軸足にして右足でジャブステップを踏めば、ノーステップでジャンプシュートを打てます。左手でシュートを打つプレーヤーなら、右足を軸足、左足でジャブステップを踏みます。

アウトサイドプレーヤーのポイント ドライブで攻めるときはトラベリングに注意

ジャブステップからドライブに移るとき、ドリブルの突き出しが遅れて軸足が先に浮いてしまうと、トラベリングのバイオレーションを取られます。ウェッジを効果的に使うためにも、ジャブステップからスムーズにドライブに移る練習をしておきましょう。

08 パスした後の動き方のセオリーを知る

パスの後の動き方で知っておきたいバスケットカットとスクリーンアウェイ。これらのほかにもある様々な動き方も知っておこう。

パスをしたら終わりではありません。パスをした後に動くことで、さらにオフェンスがスムーズに展開されるのです。では、パスした後にはどのように動けばいいのでしょうか。それにはセオリーがあります。トップからウイングにパスした後のプレーヤーの動き方を例に説明しましょう。

パスした後の動き方の基本は、ゴールに向かって移動するバスケットカットです。バスケットカットをするオフェンスプレーヤーにボールが渡ると、得点される危険性が高いので、ディフェンダーはその動きに必ず反応します。トップにいるプレーヤーがウイングにパスした後、バスケットカットをすれば、ディフェンダーはボール側に寄り、ゴール方向に下がって相手にボールを持たせないように守るはずです。ディフェンダーがそのような動きをしたら、オフェンスプレーヤーはバスケットカットを止めて、ボール側とは逆側にスクリーンをセット（スクリーンアウェイ）しましょう。ボール側のスペースを空け、ほかのプレーヤーにこのスペースを利用させることができれば、効果的な攻撃ができます。トップからウイングにパスをした後の動き方は、バスケットカットやスクリーンアウェイのほかにも４種類あります（右ページ参照）。ディフェンダーの動きをよく見ながら、適切な動き方を選択できるようになりましょう。

日高先生の うまくなる！ 強くなる！ ３つのポイント

- パスをした後は必ず動く
- ゴールに向かう動きには、ディフェンダーは必ず反応する
- 周りの味方を生かすスクリーンを覚える

戦術のポイントをオンザコートで解説

バスケットカットとスクリーンアウェイ

パスした後、ゴール方向に向かって移動するのが「バスケットカット（❶❷）」です。ゴール下での攻撃に直結する動きなので、ディフェンダーは必ず反応します。

ディフェンダーが反応してボール側に寄り、バスケットカットを妨げてきた場合は、ボール側とは逆側にスクリーンをセットします。これが「スクリーンアウェイ（❸）」です。

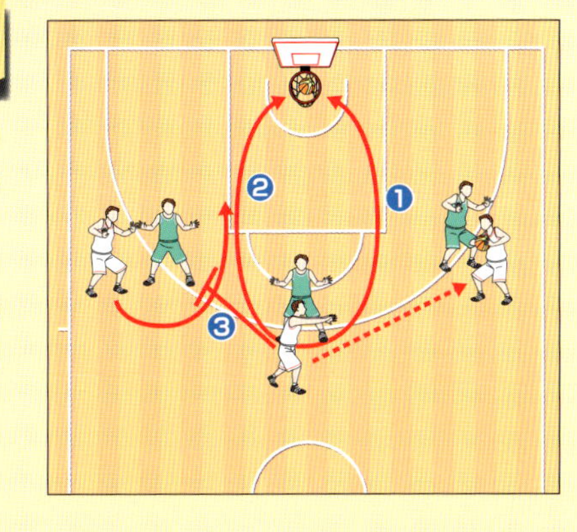

インサイドカットとアラウンド

トップからウイングにパスをした後の動き方は、ほかにもあります。

バスケットカットの動きからゴール下に移動するのではなく、コーナーに向かうのが「インサイドカット（❹）」、レシーバーの背後を回ってコーナーの方に向かうのが「アラウンド（❺）」です。

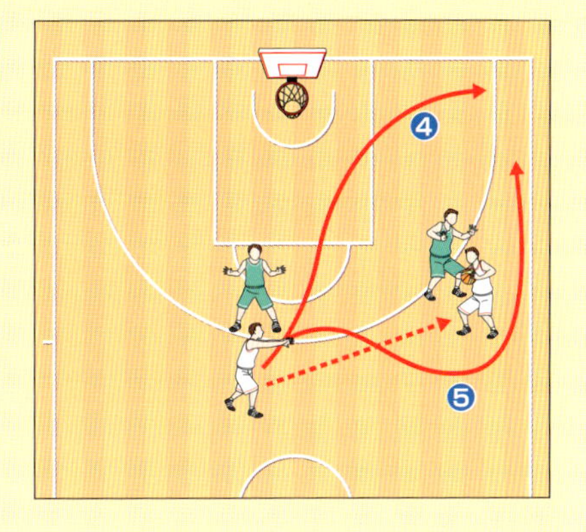

ピックとリプレイス

ウイングにパスをした後、レシーバーとレシーバーのディフェンダーの間に入り、スクリーンの役割を果たすのが「ピック（❻）」です。ここから、ピック＆ロールに持ち込みます。バスケットカットの動きの後、移動するスペースがない場合には、自分がパスを出した位置に戻る「リプレイス（❼）」を行い、リターンパスをもらってもいいでしょう。

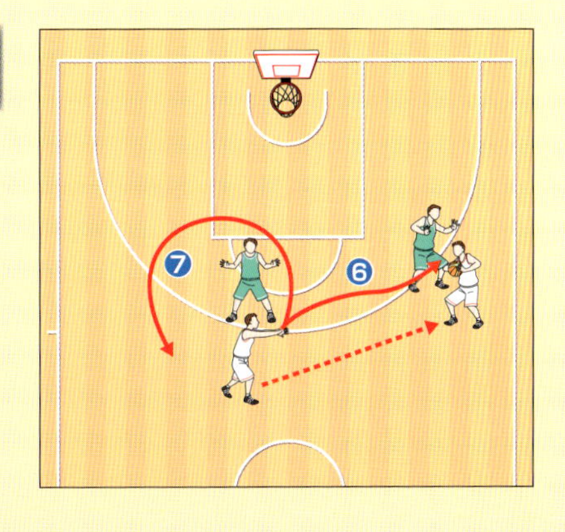

個人戦術 | オフェンス

09 ローポストからの得点パターンを知っておく

センターに限らずローポストでボールを受けたら、得点を狙おう。そのためには基本的な攻め方を身につけておく必要がある。

ローポストでボールを受けたら、まずは得点を狙います。アウトサイドでは体をゴールに正対させ前向きでプレーしますが、ローポストを含む制限区域内を攻めようとすると、ほとんどの場合、ゴールを背にした後ろ向きでボールを受けることになります。ここでは両足を結んだ線がレーンに対して斜めになるようにボールを受けたとき（両足を結んだ延長線がコーナーを指すスタンス）のプレーについて説明します。

ボールを受けたときにやるべきことは「3Ｃ」、すなわちキャッチ（catch)、チン（chin)、チェック（check）です。正確なボールキャッチの後、ボールをすぐにあご（チン）に引き寄せ、背中側にいるディフェンダーを確認（チェック）します。両ひじを肩の高さにして外側に張り出し、手首を折って、指先を上に向けて、あごの下にボールを保持します。

ディフェンダーを確認したら、様々なステップやターンを使ってシュートに持ち込みましょう。ディフェンダーが背中に密着している場合には、ドロップステップもしくはスピンターン、離れている場合にはターンアラウンド、あるいはリバースピボットが基本のプレーになります。ディフェンスの動きをよく見ながら、ステップを使い分けてシュートに持ち込む、一連の技術を身につけましょう。

日高先生の うまくなる！ 強くなる！ 3つのポイント

- ローポストでボールを受けたら得点を狙う
- キャッチ、チン、チェックの3Cを行う
- 基本的な3つのステップを使い分ける

戦術のポイントをオンザコートで解説

密着するディフェンダーをかわすドロップステップ

ディフェンダーが自分の背中に密着して守ってきた場合、エンドライン側の肩越しにディフェンダーの位置を確認します。その方向にディフェンダーがいれば、フリースローライン側の足をゴール方向にスッと引いて（ドロップステップ）、力強いドリブルを突いてからシュートに持ち込みましょう。

間合いを確認してターンアラウンドシュート

エンドライン側の肩越しにディフェンスの位置を確認して、その方向にディフェンダーが少し間合いを空けて立っていたら、フリースローライン側の足を軸足にしてフロントターン（写真）を行いシュートを打ちます。また、ディフェンダーがゴール側の足を挟むようなスタンスで守っていたら、リバースピボットを踏み、エンドライン側を抜き去る方法もあります。

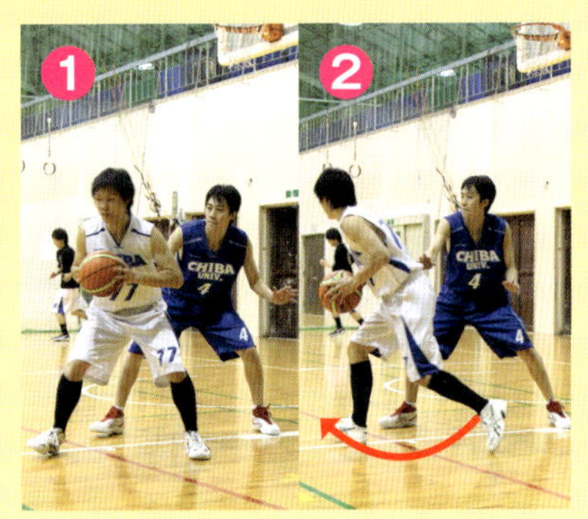

間合いを空けていたディフェンスが詰めてきた場合

ターンアラウンドシュートをしようとフロントターンをしたときにディフェンダーが間合いを詰めてきたら、ボールを頭上に上げるようにしてシュートフェイクをします。ディフェンスがシュートチェックをしようと手を伸ばしたら、ボールをいったんひざの近くまで下げながら、ディフェンダーの体のすぐ横にステップを踏み、ドリブルを突いてシュートにつなげます。

個人戦術｜オフェンス

10 背が高い選手にマークされたときの攻略法

アウトサイドとインサイドでは、攻め方にいくつかの異なる点がある。
背が高い選手とマッチアップしたときの、より有効な攻め方を知っておこう。

アウトサイドのオフェンスでは、ディフェンダーが自分より大きくても、スピードとクイックネスをうまく使えばシュートに持ち込むことができます。そのためには、広いスペースを利用してディフェンダーを抜く、つまりディフェンダーから離れる動きが必要です。

一方、インサイドのオフェンスでは、フェイントを効果的に使って、相手のタイミングを外すことが大切です。アウトサイドとは異なり、むしろディフェンスに体を寄せてプレーした方がシュートブロックされず、またファウルを誘うことができるのです。特にゴールの近くでは、背の高いディフェンダーをかわし、体を離して隙間を作ると、かえって相手に自由に動ける空間を与えることになり、シュートブロックの脅威にさらされることになります。また、体を押し当てると、ディフェンダーのバランスを崩せるので、タイミングを外すこともできます。

自分よりも背が高いディフェンダーにインサイドで体を接触させるのは勇気がいりますが、それを嫌がらないことが攻略のポイントです。また、体を密着させたまま肩幅を生かして打つフックシュート（P.48 参照）は、背が高いディフェンダーのブロックを避けられるので、ぜひ、身につけたい技術です。

日高先生の うまくなる！ 強くなる！ 3つのポイント

- アウトサイドではスピードとクイックネスで勝負する
- インサイドでは体を接触させた方がブロックされにくい
- インサイドでは肩幅を生かしたフックシュートを狙う

戦術のポイントをオンザコートで解説

アウトサイドでは スピードで勝負する

アウトサイドで身長差を克服するには、クイックネスとスピードで相手を上回ることが大切です。ボールを持っていないときは、カットのスピードで相手の体勢を崩します。ボールを持っているときは、スピードに乗ったドリブルから、急激にストップして打つジャンプシュートが大きな武器になります。

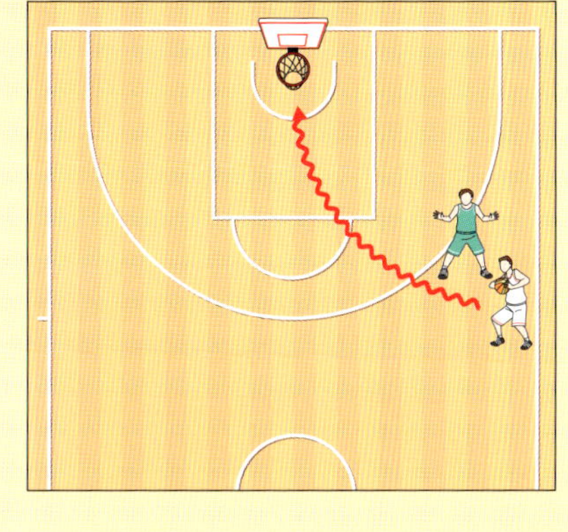

インサイドでは 体を接触させる

体を接触させながらプレーすると、オフェンス、ディフェンスともに動きが制限されてしまいますが、インサイドでは、フックシュートを打つことができれば、身長差にかかわらずオフェンスが有利になります。ファウルを誘発することも頭に入れて、接触プレーをうまく使いましょう。

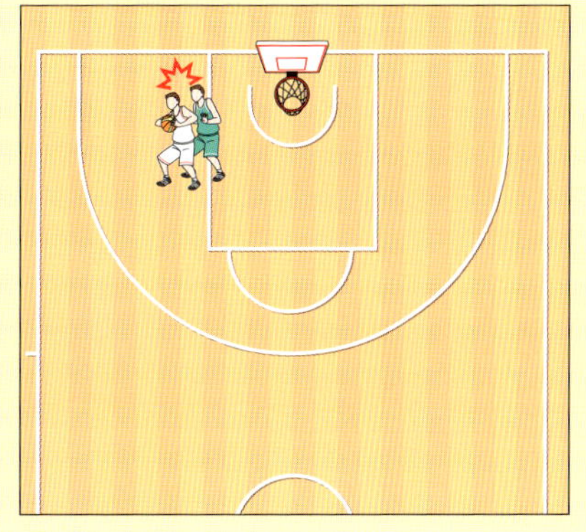

インサイドプレーヤーのポイント
体の接触を嫌がらない姿勢が絶対必要条件

体の接触を嫌がらないインサイドプレーヤーは、身長差を克服できます。ただし、その場合でも肩幅を使って打つフックシュートの習得はとても大切です。普段の練習から体の接触に慣れておくのはもちろんですが、ディフェンダーに体を寄せながらシュートを打つ技術も身につけておきましょう。

アウトサイドプレーヤーのポイント
強力な武器になるストップジャンプシュート

スピードに乗ったドリブルからの急激なストップジャンプシュートは、アウトサイドプレーヤーにとって大きな武器になります。急激なストップによって相手のバランスを崩せるからです。大神雄子選手（ＪＸサンフラワーズ）が外国人に比べて体格で劣っていながらも、2010年の世界選手権で得点王になれたのは、この技術を身につけているからです。

個人戦術｜オフェンス

11 シュートを打つタイミングの見極め方

オフェンスの目的は得点を奪うこと。そのために大切なのは、よりよいタイミングでシュートを打つことがポイントになる。

「いつ、どこでシュートすべきか」は「ショットセレクション」と呼ばれています。しかし、ショットセレクションの良し悪しを感覚的には理解できるとしても、具体的にどこが違うか言葉で説明するのは難しいものです。

そうしたなか、アメリカ・ノースカロライナ大学のヘッドコーチとして一世を風靡（ふうび）したディーン・スミス氏は「グッドショット」の概念を提唱しています。「自分のシュート距離」で「ノーマーク」で打ったシュートであれば、成功・不成功にかかわらず、「グッドショット」であるというわけです。「『自分のシュート距離』と『ノーマーク』という具体的な2つの要件を満たせばよいショットセレクション」というもので、非常に分かりやすい考え方です。

初級レベルであれば「自分のシュート距離」とはシュートが届く距離ですが、上級レベルになれば、フリーの状態でシュートして65～70%以上の確率で成功させられる距離になりますし、「ノーマーク」についても初級レベルでは目の前にディフェンダーがいない状態ですが、上級レベルではシューティングハンド(シュートを打とうとする手)にプレッシャーがない状態のことを指します。

日高先生の うまくなる！ 強くなる！ 3つのポイント

- よいショットセレクションでシュートを打つ
- 自分のシュート距離をきちんと把握しておく
- 競技レベルで異なるノーマークの状態を知る

戦術のポイントをオンザコートで解説

自分のシュート距離でシュートを打つ

年齢や筋力、また、経験年数など、個々の競技レベルによってシュート距離は異なります。初級レベルであれば、シュートが届く距離であれば打っても構いません。上級レベルになれば、練習時のノーマークの状態でシュートを打ったときに、成功率が65%を超えるところが、自分のシュート距離となります。

ノーマークの状態でシュートを打つ

ノーマークの定義も個々のレベルによって異なります。初級レベルであれば、ディフェンスが目の前にいない状態や、離れている状態を指します。上級レベルになれば、シューティングハンド（シュートを打とうとする手）に対して、ディフェンスが手を上げていなければ（写真❶❷）、ノーマークと見なしてよいでしょう。

インサイドプレーヤーのポイント プレッシャーをかわしてシュートを打つ

体が接触している状態でのノーマークとは、シューティングハンドに対してプレッシャーを受けていない状態のことです。手を伸ばし、高くジャンプしてディフェンダーの手の上から打つシュートや、肩幅を利用したフックシュートなどもノーマークのシュートです。ただし制限区域内のシュートにこだわらず、外からのシュートも身につけてほしいと思います。

アウトサイドプレーヤーのポイント シュートにとらわれずドライブを有効に使う

アウトサイドからシュートを決めることは、プレーヤーが憧れるプレーです。しかし、アウトサイドからシュートを打つことにばかりにとらわれていると、ドライブ（ドリブルで攻め込むこと）を忘れがちです。ドライブ能力が高いことが、アウトサイドのシュート能力をよりいっそう生かしてくれることを忘れてはいけません。

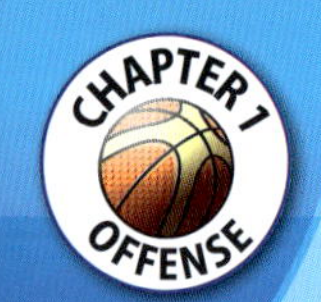

個人戦術｜オフェンス

12 ディナイディフェンスに対応する

ディフェンスの強いチームは、簡単にボールを持たせてくれない。その強力なディナイディフェンスへの対処法を覚えておこう。

オフェンスプレーヤーに有利な状態でボールを持たせないように、パスコースに手を出してくるディフェンスを「ディナイディフェンス」と呼びます。ボールを受けるエリアをゴールから遠ざけようとしているわけです。

オフェンス側は、この狙いをかわすことを考えなければいけません。第一にバックカットが有効です。例えばウイングに位置し、そこからゴールから遠ざかる方向にゆっくり2～3歩移動し（ゴール近くにスペースができる）、ディフェンダーがパスコースに入った瞬間に鋭い動きでディフェンダーの背後をゴール方向に直線的にカットします。パッサーは、ディナイしているディフェンダーの頭の後ろを狙ってパスを出します。

また、ドリブルウィーブも有効です。まず、トップにいるプレーヤーがウイング方向にドリブルします。ウイングにいるプレーヤーはバックカットと見せかけておいて切り返し、ドリブラーの外側に回り込み、手渡し（ハンドオフ）でボールを受けます。そしてドリブルドライブ、ドリブルジャンプシュートを狙います。チャンスがなかったら逆サイドにドリブルで移動します。これを繰り返したり、ハンドオフした瞬間にインサイドプレーヤーがハイポストに上がってきてパスを受け、次のチャンスを狙います。これらのプレーはディナイディフェンスを無効にします。

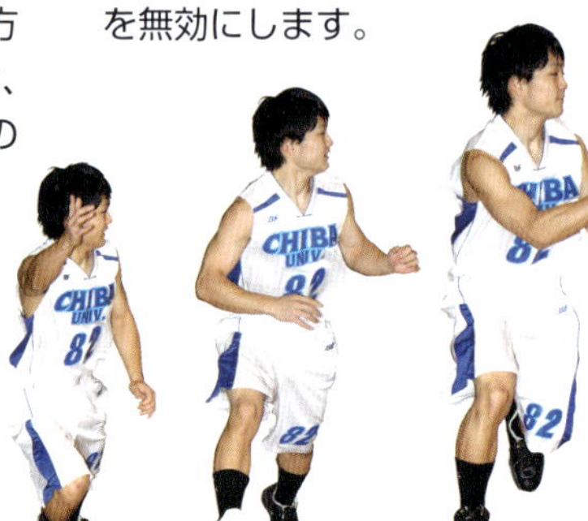

- バックカットで攻める
- ドリブルウィーブで崩す
- ハイポストにパスをして次のチャンスを見つける

戦術のポイントをオンザコートで解説

ディフェンダーの裏を取る バックカット

ディフェンダーを外側に引き出し（❶）て、バックカット（❷）を狙います。サイドライン側の足で床を蹴って、鋭くゴール方向にカットしましょう。このプレーではパッサーの協力も必要です。外側に広がる動きをバックカットの合図と察知して、ディフェンスの背後に速いパスを出す（❸）ことが大切です。

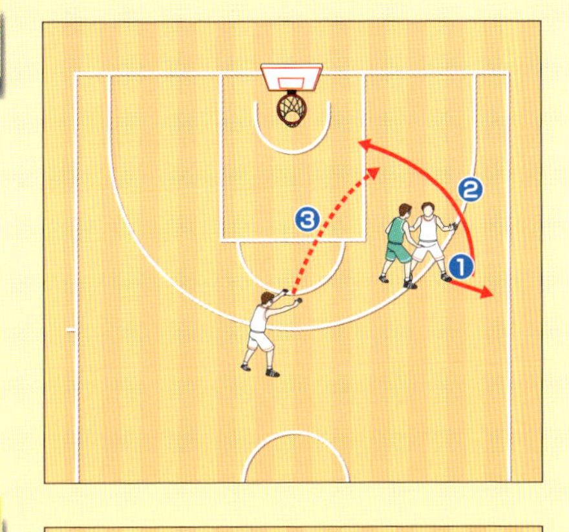

ドリブルウィーブで ディフェンスを崩す

ウイングの選手はゴール方向にディフェンスを引き寄せ（❷）、向かってくるドリブラー（❶）の外側に回り込みます（❸）。ドリブラーから手渡しのパスを受けて、攻撃のチャンスを狙います（❹）。攻撃できなければ、逆サイドにドリブルで進み（❺）、同じ動きを繰り返しましょう。この3人の動きが「ドリブルウィーブ」です。

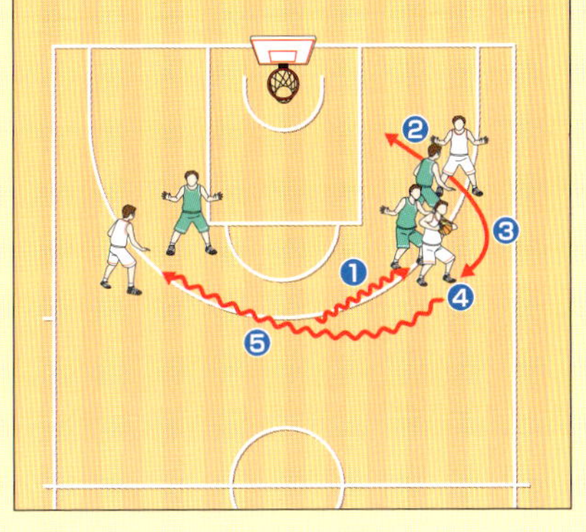

インサイドプレーヤーのポイント
状況を見て、適切な判断をする

ウイングのバックカットに対しては、インサイドプレーヤーが邪魔になることもあります。そのような場合は「バックドア」と呼ばれるプレーが有効です。インサイドプレーヤーがハイポストに上がってスペースを空け、その動きに合わせてウイングがバックカットをすれば「バックドア」が成立します。

アウトサイドプレーヤーのポイント
プレーの正否を決めるドリブラーの判断

ドリブルウィーブをするとき、ドリブラーはレシーバーとそのディフェンダーの間を目標にドリブルをします。もしレシーバーのディフェンダーがハンドオフに割って入ろうとしたら、レシーバーはバックカットをしましょう。また、スイッチディフェンスに対してはハンドオフをせずに、そのままドリブルするのが適切です。この動きではドリブラーの判断が重要になります。

個人戦術｜オフェンス

13 キャッチ&シュートのメカニズムを知る

誰もがアウトサイドからシュートを決めたいと思うはず。そのためにはシュートのメカニズムについて理解を深めておく必要がある。

シュートのポイントをひと言で表現すれば、「真っすぐ、上に、スピンをかける」です。シュート力を身につけるには数多く打つことが必要ですが、シュートのメカニズムについて知ったうえでそれをすべきです。間違ったやり方でシュート練習を重ねると、悪い癖を体に覚え込ませることになり、結果としてシュート力を落としてしまうからです。

正しいシュートを打つためには、まず真っすぐ投げることを考えます。右利きの場合、右足がシューティングフットになりますが、この足とゴールの中心を結んだ線をシューティングラインと呼び、このシューティングライン上にボールを移動させます。右足の親指と人差し指でシューティングラインを挟み、右腰、右ひじ、右手首をシューティングライン上に位置させます。リングは上向きに設置されているので、ボールは上方に投げ上げ、リングに上から吸い込まれるような軌道を目指しましょう。前腕をシューティングライン上に垂直に立て、手首を曲げて手のひら全体でボールを下から支え、上方に押し出します。そしてボールにバックスピンをかけるように指先から離しながら、微妙なシュート距離の調整を行い、リングやバックボードに当たっても跳ね返りの小さい、柔らかいシュートを打ちます。

日高先生の うまくなる! 強くなる! 3つのポイント

- シュートは真っすぐ投げる
- リングに上から吸い込まれるような軌道を目指す
- ボールにバックスピンをかける

戦術のポイントをオンザコートで解説

シューティングフットはゴールの中央に向ける

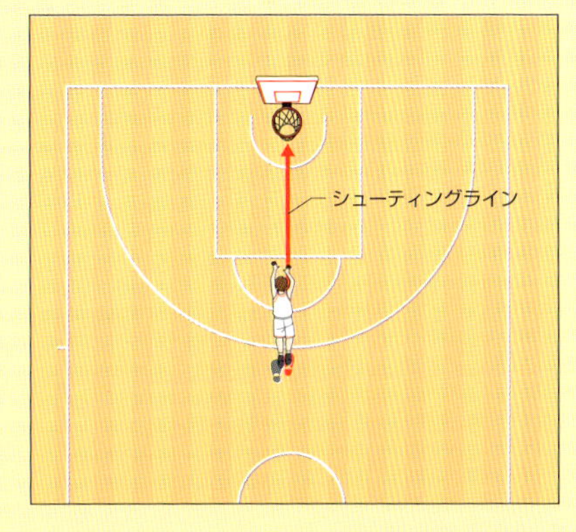

シューティングフットは、ゴールの中央に向けて構えましょう。そして、もう片方の足をシューティングフットと平行にして置き、体をゴールに正対させます。つまり、両足のつま先がゴールを指し、腰、肩がゴールに正対するように構えるのです。

シューティングラインとシューティングハンド

シューティングハンド（右利きのプレーヤーなら右手）の前腕を、シューティングラインの上に置きましょう。つまり肩、ひじ、手首がシューティングラインから外れないようにするわけです。ひじがシューティングラインの外側に出てしまう構えでは、ボールを真っすぐ投げるのが難しくなります。

インサイドプレーヤーのポイント
素早くシュートしてブロックをさける

インサイドプレーヤーは、パスをキャッチした後、できるだけ接地時間を短くして素早くシュートをしましょう。パスを受けるときは、空中でボールをキャッチしながら、体をゴールの方向に向けるように着地しますが、ゴールとの距離が近い場合は、アウトサイドプレーヤーのように、ゴールに完全に向き直らなくても構いません。

アウトサイドプレーヤーのポイント
キャッチ&シュートをフェイクに使う

ノーマークの場合は、パスをキャッチした後、ストライドストップで立ち止まって、落ち着いてシュートを狙いましょう。ディフェンダーのマークが外れていない場合は、キャッチ&シュートをフェイクにして、ドライブで攻めてもいいでしょう。もちろん、無理に1対1を仕掛けず、ほかの味方へのパスを選択することも考えておきましょう。

個人戦術｜オフェンス

14 シュートの距離を伸ばす体の使い方

**シュートの距離が伸びずに悩んでいるプレーヤーは多い。
遠くからでも、高い弧を描いてリングに吸い込まれるシュートを決めるコツとは？**

シュートを打つときに気をつけたいことは、「コントロールは手、距離の調節は脚」ということです。手など上半身の力でボールを遠くに飛ばそうとしてはいけません。シュートの距離を伸ばすのは、脚力だと考えてください。脚力が強くなればシュートの距離も伸びます。ここでは、シュートを打つときのジャンプの仕方を説明しましょう。

キャッチ＆シュートは、空中でボールを受けて着地し、その反動を利用してジャンプしながらシュートを打つというのが一連の流れになります。キャッチの後に跳ぶときは、足首の曲げ伸ばしの力を使って「ポン！」と軽やかにジャンプします。「バウンスジャンプ」と呼ばれる、このジャンプができれば素早くシュートを打てます。

また、余裕があるときには、一歩踏み込み、ひざを瞬間的に伸ばすイメージでジャンプする跳び方をすると、よりラクにシュートを遠くまで飛ばせます。このとき床を蹴ろうとする必要はありませんし、ひざの曲げ伸ばしの力でジャンプする必要もありません。体幹（腹筋や背筋など、体の中央にある筋肉群と太ももをつないでいる腸腰筋）を伸ばすイメージでジャンプします。これを「パワージャンプ」と呼びます。

日高先生の うまくなる！ 強くなる！ 3つのポイント

- シュートの距離を伸ばすには脚力が必要
- 指の力や手首のスナップを使ってコントロールする
- 体幹の強さが安定したシュートを生み出す

戦術のポイントをオンザコートで解説

着地時間を短く軽やかに跳ぶ バウンスジャンプ

なわとびを跳ぶ体の使い方でジャンプをします。30㎝ほどの高さの台から飛び降り、接地時間を短くして、再び同じ高さの台に跳び乗る練習をしましょう。この足首の力を使った跳び方がスムーズにできるようになると、バウンスジャンプ（写真）の技術が上達し、「キャッチ＆シュート」が素早く打てるようになります。

踏み込む勢いを利用する パワージャンプ

フリーフットを一歩踏み込む勢いを利用してジャンプします。最もよく使われるジャンプの仕方で、ひざの屈伸ではなく、体幹を伸ばすイメージでジャンプをすると、高く跳び上がれます。

個人戦術｜オフェンス

15 ドリブルジャンプシュートを武器にする

ディフェンスに守られ、ボールを受けてすぐにシュートが打てない場合、ドリブルでマークを外して打つジャンプシュートは強力な武器になる。

日本を代表するシューターである大神雄子選手（ＪＸサンフラワーズ）は、ドリブルジャンプシュートを得意としています。これを武器に 2001 年の世界ジュニア選手権と 2010 年の世界選手権で得点王に輝きました。また、WNBA で活躍できたのも、この技術があったからです。このように、ドリブルジャンプシュートを身につけると大きな武器になることは、すでに大神選手が証明しています。

鋭いドリブルからのジャンプシュートをディフェンスするのは難しいのですが、シュートを成功させるのも簡単ではありません。鋭いドリブルでボールを弾ませ、ひざと腰の間の高さでボールをピックアップします。そこから「リフティング」と呼ばれる頭上に持ち上げるまでの動作と、ボールをリリースするまでの動きがスムーズにできるようになるまで練習を繰り返しましょう。成功のカギは、ドリブルからボールをピックアップしたときの、手首の角度です。手首を背屈させ、指先をやや上方に向けた状態でピックアップできればリフティングがスムーズにでき、シュートの成功率は高まります。

ワンドリブルからのジャンプシュートだけでなく、ツードリブルからのジャンプシュートも習得しておけば、ドリブルジャンプシュートはいつでも打てます。

日高先生の うまくなる！ 強くなる！ 3つのポイント

- 鋭く強いドリブルを行い、ひざと腰の間でピックアップ
- ピックアップしたとき、手首を背屈させる
- 素早くスムーズにリフティングまで動く

戦術のポイントをオンザコートで解説

フェイクを使った小さなワンドリブルジャンプシュート

勢いのある、幅の広いステップを踏んだワンドリブルジャンプシュートだけではなく、シュートフェイクを使って、相手の上体を浮き上がらせてから少しポジションをずらすだけの小さなワンドリブルジャンプシュートも身につけておくといいでしょう。実戦で大いに役立ちます。

ディフェンスが守りにくいツードリブルジャンプシュート

タイミングを図るのが難しく、ディフェンスも守りづらいシュートですが､その分､習得も簡単ではありません。２回ドリブルをついた後に、ボールをピックアップするとき、手首をしっかり背屈させることがポイントです。ボールをつかんだ指先がやや上向きになっていると、スムーズにシュートを打てるでしょう。

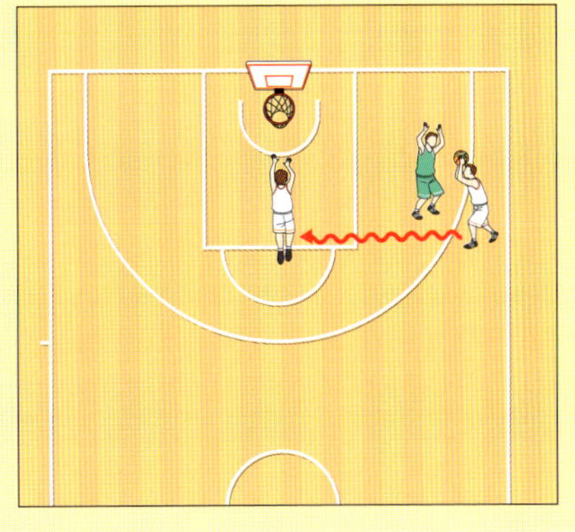

インサイドプレーヤーのポイント
前腕をゴールの中心に向けてシュートを打つ

プレーヤーが密集しているゴール近くでは、ディフェンダーをかわすためにターンシュートをする機会が多くなります。インサイドでは、ゴールとの距離が近いので、方向のズレは関係なく、体をゴールに正対させてシュートを打つ必要はありません。体や足の向きを気にするよりも、シューティングハンドの前腕を立ててゴールの中心に向けて打つことを心掛けましょう。

アウトサイドプレーヤーのポイント
リバウンダーがいるときにシュートを打つ

ドリブルジャンプシュートに限りませんが、味方のリバウンダーがいることを確認してからシュートを打つようにしましょう。また、ゴールとの距離が離れている場合は、ゴールに体を正対させてシュートを打たないと、ボールがゴールに到達したときには左右に大きくズレてしまいます。シューティングラインを意識してシュートを打ちましょう。

個人戦術｜オフェンス

16 レイアップシュートを確実に入れるポイント

スピーディーなステップを踏んで打つレイアップシュート。
ゴール近くで打つこのシュートを、失敗するわけにはいかない。

レイアップシュートは正確にはゴール下のシュート全般を指す言葉のようですが、一般的にはランニングシュートのことを指す言葉として使われています。片足ずつ交互にステップを踏んで、片足踏み切りでジャンプするステップを「ランニングステップ」、両足踏み切りでジャンプするステップを「パワーステップ」と呼びます。また、ランニングステップで打つレイアップを「ノーマルレイアップ」、パワーステップで打つそれを「パワーレイアップ」と呼びます。パワーレイアップは、初心者でも習得しやすいシュートです。ボディーバランスを保ちやすいので、ディフェンダーと接触しながらシュートするときに重宝します。ノーマルレイアップもパワーレイアップも、直接ゴールを狙うよりはボールをボードに当てた方が簡単です。

レイアップシュートでは、走り込むコース、バックボードにボールを当てる場所、ボールスピンがポイントになります。ボールにスピンを上手に与えることで、ボールを柔らかくボードに当てることができ、シュートを確実に入れることができます。また、空中での姿勢も大切です。上半身は垂直に立てるようにします。前傾したり、逆にエビ反りになってしまっては、ボールコントロールがうまくできません。

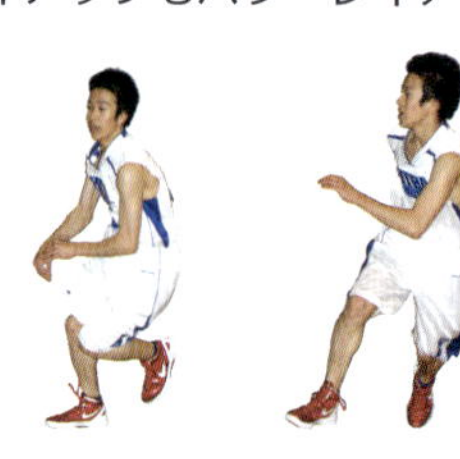

日高先生の うまくなる！ 強くなる！ 3つのポイント

- パワーステップとランニングステップを使い分ける
- 空中では上半身を垂直に保つ
- ボールにスピンをかける

戦術のポイントをオンザコートで解説

レイアップシュートを決めやすいコース

ゴールに向かって走り込むコースは、ブロックよりもフリースローライン側にします。ブロックよりもエンドライン側に走り込むと、ボールをバックボードに当てる角度が小さくなり、シュートが難しくなります。ボールは指先から離してスピンをかけ、バックボードに柔らかく当てましょう。

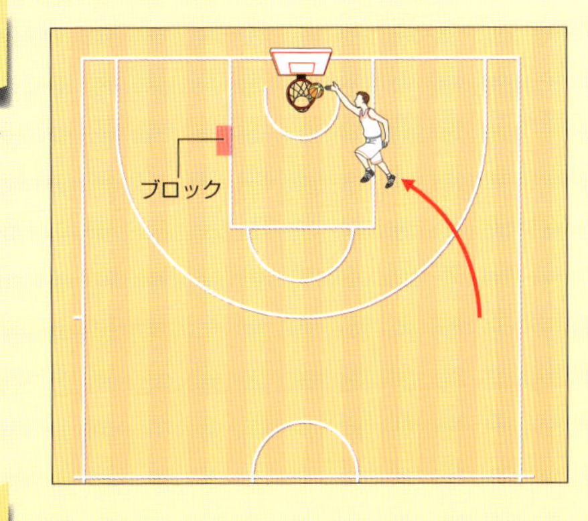

パワーレイアップ

両足で踏み切るパワーレイアップは、空中での姿勢を保ちやすいシュートです。背中が反らないように、腰をやや前に曲げた姿勢を意識して打ちましょう。

ノーマルレイアップ

踏み切り脚とは逆の脚のひざを曲げて太ももが床と平行になる高さまで引き上げると、上半身が立ち、ボールコントロールがしやすくなります。

個人戦術｜オフェンス

17 ステップでレイアップシュートの精度を上げる

ランニングステップやパワーステップ以外にも様々なステップがある。巧みに使い分けると、ディフェンスをかわし、レイアップシュートに持ち込むことができる。

レイアップシュートを打つときの多彩なステップを身につけておくと、実戦で役立ちます。そのためには、それぞれのステップの長所をよく理解し、ディフェンスに応じて使い分けられるように、ステップを体に馴染ませておく必要があります。状況判断とボディーコントロールを瞬時に行えるよう、繰り返し練習しましょう。

スピードと高さを生かせるランニングステップ、ディフェンダーの接触に負けないパワーステップ、という2つの基本のステップに加え、コースを遮られたら「ギャロップステップ」あるいは「ドノバンステップ」が有効です。また、ディフェンスの反応を1歩目で確かめ、2歩目のステップで方向を自在に変えるのが「ジノビリステップ」です。ドノバンステップとジノビリステップは、それぞれのステップを得意とする有名プレーヤーの名前に由来する名称で、一般的なものではありません。ステップなどの技術はプレーヤーによって日々開発されていて、最初のうちはそのプレーヤー独自の技術ですが、有効なものはほかのプレーヤーも真似して広まります。ぜひ、みなさんもスーパースターが生み出した華麗なステップに挑戦し、身につけましょう。

日高先生の うまくなる！ 強くなる！ 3つのポイント

- ランニングステップとパワーステップが基本のステップ
- 多彩なステップを体に馴染ませるよう繰り返し練習する
- 状況に応じてステップを使い分ける

戦術のポイントをオンザコートで解説

ギャロップステップ

ギャロップステップ（左ページの連続写真）の動きは、ステップ中に進む方向を変えるパワーステップです。ドリブルの体勢から片足で踏み切り、体を進める方向を変えます（写真左から１～３番目）。空中でボールをキャッチして両足で着地し、そのまま両足踏み切りでシュートに持ち込みます（写真左から４～５番目）。２人のディフェンスの間を突破するときなど、狭いスペースを攻めるときに有効です。

ドノバンステップ

ドリブルの体勢から、体を回転させながらボールをキャッチし（❶～❸）、体を進める方向を変えるステップを踏んで、片足踏み切りでシュートに持ち込みます（❹～❻）。日本でも活躍した元 WNBA のアン・ドノバンが得意としていました。

ジノビリステップ

ステップ中に進む方向を変えるランニングステップです。ドリブルの体勢から片足で踏み切って空中でボールをキャッチ（❶）し、片足で着地。その足で床を蹴って体を進める方向を変え（❷～❸）、もう片方の足で踏み切ってシュートに持ち込むステップです（❹～❻）。NBA で活躍するエマニュエル・ジノビリが得意としています。

個人戦術｜オフェンス

18 シュートの調子が悪いときの対策を立てる

**毎試合シュートの確率を維持するのは容易なことではない。
シュートの調子が悪いときでも何とか得点できるよい方法とは……？**

バスケットボールの得点はフィールドゴールだけではありません。フリースローでも得点できます。全米大学選手権の決勝戦で、フリースローによって35点を挙げ勝利したチームもあるのです。相手のディフェンスが厳しくてシュートチャンスを作れないときや、オフェンスの調子が上がらずシュートを決められないときは、フリースローによる得点を狙いましょう。すなわち、相手のファウルを誘うプレーをするのです。ファウルを誘発するプレーは得点につながるので、ぜひ身につけたい技術です。

どんなプレーに対してファウルが生じやすいのかは経験を通して知るべきですが、少なくともパスよりもドリブル、アウトサイドよりもインサイドでファウルが生じやすいことを覚えておきましょう。フリースローを獲得したら、毎回、同じリズムでシュートを打つことに集中しましょう。もちろん、オフェンスがうまくいかないときには、攻め方を修正するよりも、オフェンスリバウンドへの意識を高めたり、ディフェンスに目を向け、相手の得点を許さないような工夫やインターセプトからの速攻を考えることも必要です。

日高先生の うまくなる！ 強くなる！ 3つのポイント

- フリースローによる得点をうまく利用する
- フリースローは、毎回、同じリズムでシュートを打つ
- ファウルを誘うプレーを身につける

戦術のポイントをオンザコートで解説

メンタルの強さが問われるフリースロー

フリースローはゲーム中に唯一、誰にも邪魔をされずにシュートが打てる場面です。だからといって全くプレッシャーがかからないわけではなく、むしろ精神面への影響が大きいと言えます。特にゲーム終盤のフリースローは勝敗に直結するだけに、プレッシャーが大きくなりますが、そんなときでも確実に決めたいところです。

フリースローの確率を上げる方法

フリースローでは、シュートフォームを確認するよりも、ボールをセットするまでの動きを一定にすることを考えましょう。結果には注意を払わず、普段行っている動作の手順をなぞることに意識を集中させると、心理的プレッシャーを振り払うことができ、シュートのリズムも保ちやすく、確率も上がります。

インサイドプレーヤーのポイント
果敢にゴールを狙いファウルを誘う

ファウルが生じやすいのはインサイドでのプレーです。ゴールに近いインサイドでは、オフェンスとディフェンスの距離が近く、お互いが体を寄せながらプレーするからです。インサイドでボールを受けたら、強引にゴールに向かうプレーでディフェンスのファウルを誘うようにしましょう。そうするうちに、オフェンスのリズムを取り戻せるはずです。

アウトサイドプレーヤーのポイント
鋭いドライブでファウルを誘う

ファウルは、パスよりもドリブルのときに生じやすいものです。とりわけドライブ（ゴールに向かっていく鋭いドリブル）には、ディフェンダーが反応して体の接触が生じたり、ボールをスティールしようと手を出してきたり、シュートブロックに跳んできたりしやすいのです。ディフェンスの反応を見て、体を寄せてファウルを誘いましょう。

個人戦術｜オフェンス

19 オフェンスリバウンドの確率の上げ方

ゲームでのシュートの確率が 100%になることはない。少なくとも半分は外れる。そのときもう一度オフェンス側のボールにできれば、ゲームを有利に展開できる。

シュートが入らないのは別に不思議なことではありません。優秀なシューターでも、半分は外します。外れた後のボールは、誰のものでもないルーズボールの状態です。オフェンス側はこのボールを自分たちのものにすれば、それだけ得点チャンスが増えます。「1 回の攻撃で 1 回のシュート」では物足りません。オフェンスリバウンドを取り、シュートの本数で相手を上回るようにしましょう。

リバウンドをもぎ取るには体力も欠かせませんが、精神的なエネルギーが必要です。シュートは外れるものと考え、「とにかくリバウンドに跳ぶんだ」という強い「意欲」を持ち、ランニングリバウンドにも積極的に飛び込むようにします。意欲だけでもリバウンドを奪える確率は高まりますが、そこに「予測」が伴うとさらに確率が高まります。シュートされたボールがどこに跳ねるのかを予測したうえで、意欲的にリバウンドに跳びつくのです。しかし、ディフェンス側ももちろん、必死にリバウンドを取りにきます。それをかいくぐってリバウンドを奪うには「技術」が必要です。ボックスアウトを外す技術を身につけなければなりません。コツは腕の使い方とバックロールです。

日高先生の うまくなる！ 強くなる！ 3つのポイント

- オフェンスリバウンドを奪って攻撃回数を増やす
- リバウンドの極意は「意欲」「予測」「技術」
- ランニングリバウンドに積極的に飛び込む

戦術のポイントをオンザコートで解説

ボックスアウトをかわす バックロール

味方がシュートを打った瞬間、オフェンスはディフェンスに対して、足をクロスするようにステップを踏み込みます（❶）。その動きにディフェンスが反応したら（❷）、左足を軸足にして、右足を後ろに引くバックターンを行います（❸）。次に右足を軸足にして、フロントターンをしてリバウンドポジションを取りましょう（❹）。

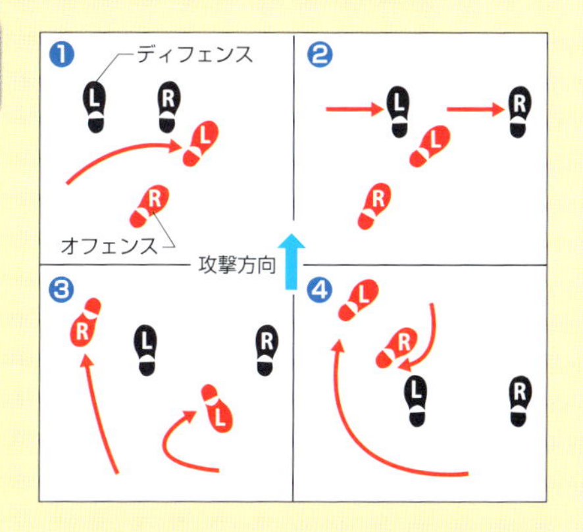

ボックスアウトを外す 腕の使い方

ディフェンスの腕に上腕を当てて、上から抑える動き（写真）と、下から払い上げる動きを使って、ボックスアウトをかいくぐりましょう。このとき相手の腕をつかむとファウルになるので注意が必要です。

インサイドプレーヤーのポイント
横向きや背中合わせでディフェンダーと競る

ブロックアウトされたときに、そのまま前向きでディフェンダーにのしかかると、プッシングのファウルを取られることがあります。ブロックアウトした相手に対して横向きになって片手でリバウンドボールをつかむようにしましょう。また、ディフェンダーと背中合わせの姿勢で、相手をゴール方向に押し込んで、リバウンドを取るためのスペースを確保するのも効果的です。

アウトサイドプレーヤーのポイント
ランニングリバウンドに飛び込む勇気が必要

アウトサイドプレーヤーがランニングリバウンドに飛び込むと、意外とボールを手にすることができます。オフェンスリバウンドは、インサイドプレーヤーだけの役割ではありません。トップレベルのゲームでも、ガードのオフェンスリバウンドの獲得数の多さに驚かされます。勇猛果敢にランニングリバウンドに飛び込む意識が必要です。

Column 1

得点力アップに直結する様々なシュート技術

ディフェンスのプレッシャーをかわせるシュート技術の習得は、得点力アップに欠かせない。ここでは、実戦で役立つ2つの技術を紹介する。

肩幅を利用するフックシュート

フックシュートはディフェンダーに対して半身になり、シューティングハンドの上腕が耳に触れるように腕を振ってボールをリリースするシュートです。こうすれば肩幅の分だけ、ディフェンダーからボールを遠ざけることができます。ゴールの近くで使うことの多いシュートなので、左右いずれの手でも打てるようになりましょう。

空中で間合いを広げるフェイドアウェイシュート

フェイドアウェイシュートは、後方に跳ぶジャンプシュートです。後方に跳ぶことでディフェンダーとの間合いを広げ、シュートブロックをかわします。ポイントは、後ろ足に重心を置くこと、ボールも後ろ足側に保持すること、そしてボールを頭上に持ち上げてからジャンプすること。それによって脚力を十分に利用できます。

CHAPTER 2

個人戦術

ディフェンス

DEFENSE

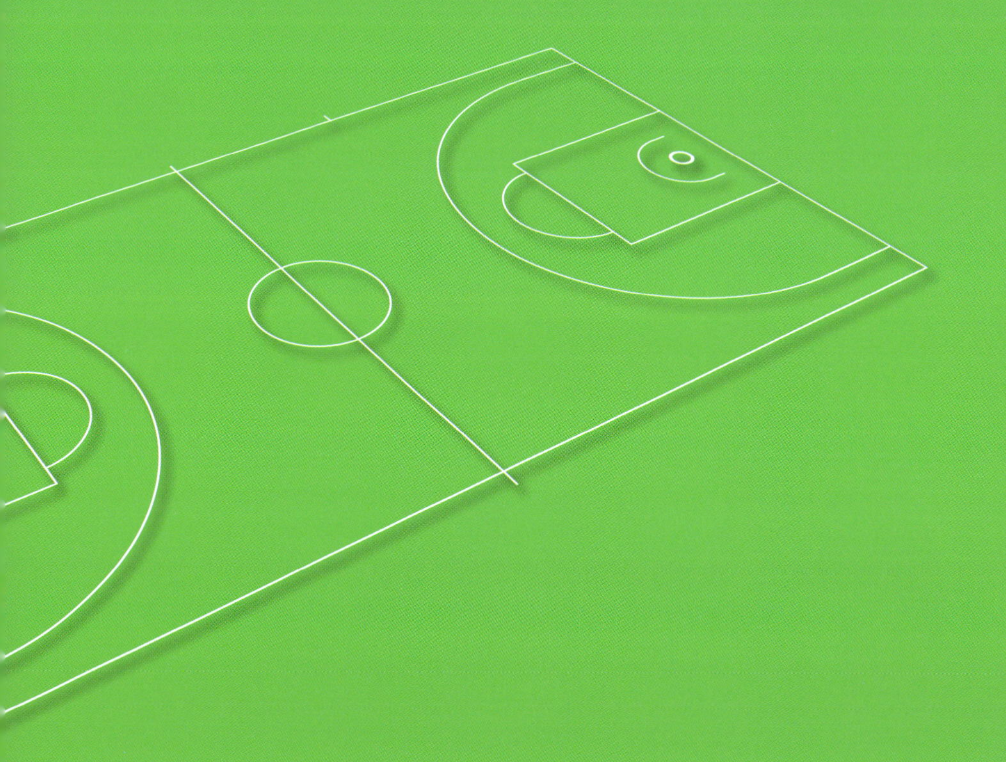

個人戦術 | ディフェンス

01 予測とヒット&ジャンプでディフェンスリバウンドを取る

リバウンドのポイントの一つ「予測」。外れたシュートがどこに落ちるのか、その傾向を知っていれば、ボールを奪える確率は格段に上がる。

リバウンドを支配するには、シュートされたボールがどこに落ちるのか、その傾向を知っておく必要があります。現在では様々なビデオ解析プログラムのおかげで、リバウンドのボールの落下点を統計的に処理し、予測できるようになっています。そこではじき出されているのは、多くのシュートがゴールから3.5m以内に落ちるという結果です。このポジションを相手よりも先に取れば、リバウンドをほぼ自分たちのものにできます。そのポジションが「トライアングルリバウンドポジション」です。

しかし、ゲーム中は常にこのポジションを占められるわけではありません。刻々と変化する状況に合わせて判断しなければなりません。その判断基準となるのが、シュートポジション、シュートのアーチ、ボールスピン、シューターの技量、体力の消耗具合などです。これらを参考にリバウンドのボールがどこに弾むのかを予測します。

ディフェンスリバウンドでは、各自がマークしているプレーヤーにリバウンドを取られないことが最も大切です。そこで第一に「ボックスアウト」を習慣化しましょう。「相手に体を当て（ヒット）、そしてリバウンドに跳ぶ」。すなわち「ヒット&ジャンプ」がリバウンドの合言葉です。

日高先生の うまくなる！ 強くなる！ 3つのポイント

- ゴールから3.5m以内のポジションを占める
- 予測するための判断基準について知る
- 「ヒット&ジャンプ」の原則を習慣化する

戦術のポイントをオンザコートで解説

トライアングル リバウンドポジション

リバウンドのボールが落下するエリアは3.5ｍ以内と覚えておきましょう。フリースローレーンにある両サイドのブロックと、ノーチャージセミサークルの少しフリースローライン寄りの場所を結ぶエリアを占有できれば、リバウンドを獲得できる確率は高くなります。

ボールが落ちる位置の予測のコツ

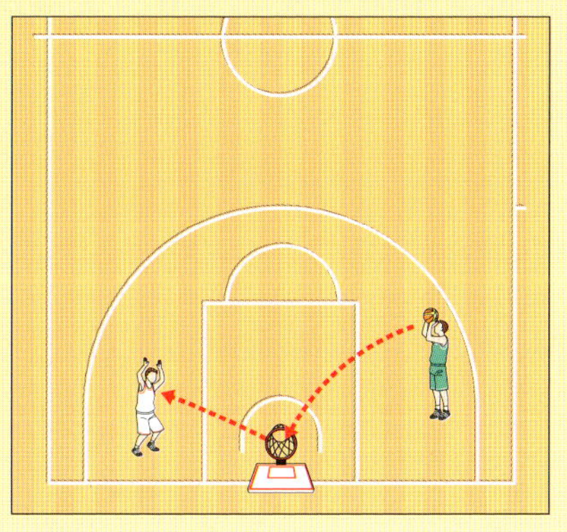

シュートされたボールは、打った場所の反対側に落ちやすく、そのシュートが長い距離であればあるほど、遠くに弾みやすいものです。アーチが高いシュートはゴール近くに、低いシュートはゴールから遠くに弾みます。また、脚力がある前半はリングの根元に、脚力が落ちる後半はリングの手前に当たりやすい傾向があります。

インサイド プレーヤーのポイント

体格差のある相手にはフェイス・トゥ・フェイス

自分がマークする相手と体格差がある場合は、背中を押し当てるボックスアウトではなく、体の正面で相手を抑える「フェイス・トゥ・フェイス」のボックスアウトで、相手にリバウンドを奪われないようにします。シュートを打たれたら、ボールの行方を追うのではなく、相手に体の正面を当てることを優先し、リバウンドに跳ばれないようにしましょう。

アウトサイド プレーヤーのポイント

ボックスアウトに集中しヒット＆ジャンプ

できるだけゴールから離れたところで相手をボックスアウトできれば、リバウンドはほぼ自分たちのものになります。ボールを目で追わず、ボックスアウトに集中しましょう。ゲーム中に、唯一、ボールから目を離していいのは、このときだけです。相手に体を当ててから体を回転させてリバウンドに跳ぶ「ヒット＆ジャンプ」を徹底しましょう。

個人戦術｜ディフェンス

02 ボールを持ったプレーヤーの守り方

ボールを持ったプレーヤーに対するディフェンスがチームディフェンスの基本。1対1の守りに強いプレーヤーになるコツを伝授する。

ディフェンスの目的は、相手に得点を与えないことです。では、誰が得点できるのかというと、それはボールを持っているプレーヤー（ボールマン）だけです。ボールマンを抑えることができれば、理論的には相手の得点はゼロにできます。

オフェンスにとっては、ボールを保持した瞬間がシュートを狙える最初のチャンスです。まずは、このプレーを止めましょう。「クローズアウト」と呼ばれる動きでボールマンの目の前に立ち、シュートを阻止します。ボールを持った瞬間のボールマンとの距離が遠すぎるとシュートを打たれてしまいますし、近すぎるとドリブルで抜かれてしまいます。2本の腕の距離（ツー・アーム）が目安になります。最初のシュートを止めたら、ボールマンとの距離を詰めます。1本の腕の距離（ワン・アーム）が理想です。ボールマンを目の前に置き、背中をゴールに向けた姿勢で立ちます。両足をやや前後にして構え、ドライブを予測したらゴール方向に後退し（リトリートステップ）、シュートを予測したら前に詰めます（アドバンスステップ）。ボールマンがディフェンダーの前足側を狙ってドライブしてきたら、前足を素早く引き（スイングステップ）、背中をゴールに向けた姿勢を保ってボールマンに対して「面」を作って守りましょう。

日高先生の うまくなる！ 強くなる！ 3つのポイント

- ボールを持った瞬間のキャッチ＆シュートを阻止
- リトリート、アドバンス、スイングステップをうまく使う
- ドライブコースに「面」を作って守る

戦術のポイントをオンザコートで解説

クローズアウトでキャッチ&シュートを阻止

自分のマークマンにボールがパスされたら、ボールが空中にある間に移動します。この動きを「クローズアウト」と呼びます。マークマンまでの距離の半分はダッシュ、残りの半分はスライドステップで、腕2本分の距離まで近づきます。このときシュートやインサイドへのパスを予測して、両手を上げて移動します。

目の前にボールマン、背中はゴールに向ける

最初のシュートを阻止したら、腕1本分の距離まで近づきます。このとき相手がボールを胸の前に持ってきたら、シュートを予測し「アドバンスステップ」で距離を詰めましょう。ボールを腰より下に移動したり、ジャブステップを踏んできたりしたら、ドライブを予測し、「リトリートステップ」で真っすぐ1歩後退します。

アウトサイドプレーヤーの役割

手と足を動かしてプレッシャーをかける

ディフェンダーは、ボールマンに対して足を止めずにアドバンスステップとリトリートステップ、スイングステップを繰り返しながら、プレッシャーをかけて守るのが鉄則です。このとき、大切なのは手の使い方です。手のひらをボールマンに向け、動かし続けます（これを「アクティブハンド」と呼ぶ）。ボールマンが余裕を持って周りを見渡せないようにするわけです。プレッシャーをかけたボールマンが下を向いたり、後方にボールを引いたりしたら、ディフェンスの勝ちです。つまり、ボールマンディフェンスのコツは、アクティブハンドでボールマンの視野を狭めながら、アドバンスステップやリトリートステップ、スイングステップを状況に応じて使い分け、動き続けることといえます。

個人戦術｜ディフェンス

03 ボールを持っていないプレーヤーの守り方

ボールを持っていないプレーヤーに対するディフェンスが、チームディフェンスを強固にする。的確なポジションの取り方を覚えておこう。

ボールを持っていないプレーヤーに対するディフェンス（オフボールディフェンス）が甘くなると、ボールマンディフェンスをいくら厳しくしても無駄になります。簡単にボールを展開され、次にボールを受けるプレーヤーが有利なポジションを占め、オフェンスにアドバンテージができるからです。

それを防ぐためには、オフボールディフェンスの適切なポジションを知る必要があります。「ボール・ユウ・マン」の原則（右ページ参照）を覚えなければなりません。オフボールディフェンスでは、「パスにプレーする（プレー・ザ・パス）」ことを意識しましょう。マークするプレーヤーを守るというよりは、パスに働きかけるポジションに立つわけです。「ボール・ユウ・マン」を結んだ線が平らな三角形になるようにします。

ディフェンスは、ポジション、スタンス、ビジョン（視野）、フットワーク、ハンドワーク、コミュニケーションについて理解し、実践できるようになりましょう。オフボールディフェンスでは、ボールの移動に合わせて、ディフェンスポジションを素早く変え、スタンス、ビジョンなどを調整しなければなりません。まるで熱い鉄板の上にいるかのように、常に小刻みに足を動かすフットワークが理想です。

日高先生の うまくなる！ 強くなる！ 3つのポイント

- 「ボール・ユウ・マン」の原則を知る
- 「パスにディフェンスする」意識を持つ
- 足を小刻みに動かし、ビジョンを調整する

戦術のポイントをオンザコートで解説

「ボール・ユウ・マン」の原則

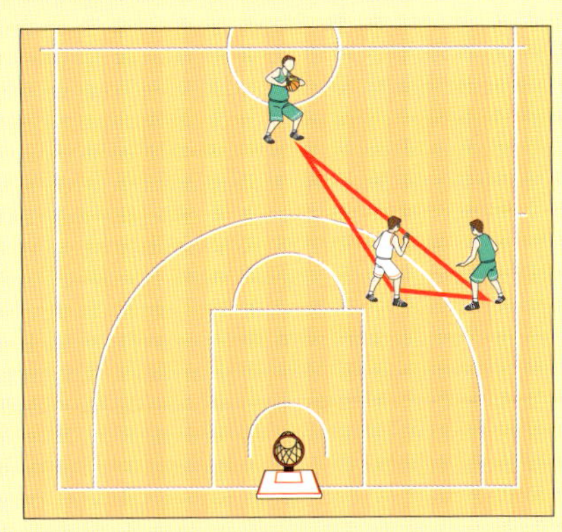

ボールマン（ボール）とマークする相手（マン）を結んだ線の少しゴール方向にズレたパスコースに手が届く位置に、ディフェンダー（ユウ）はポジションを取ります。すると３人の位置関係が平らな三角形になります。このポジションに立てば、ディフェンダーは相手のパスコースを遮断できます。マークマンからどれだけ離れるかは、ディフェンダーの脚力によります。

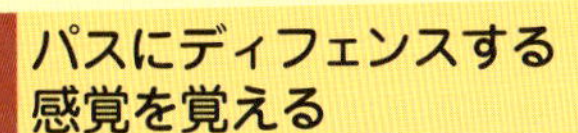

パスにディフェンスする感覚を覚える

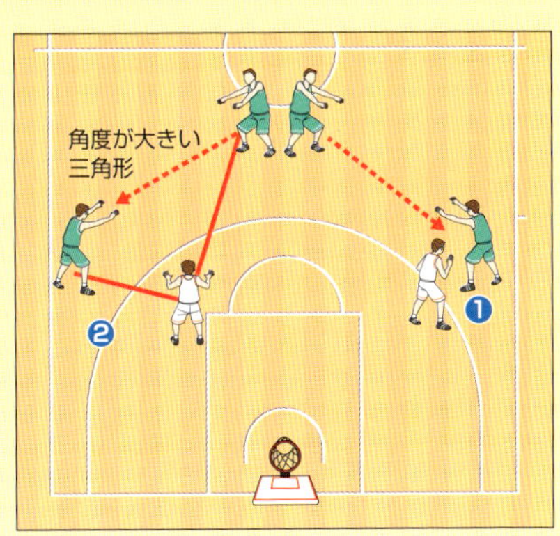

ボールマンまでの距離がマークする相手よりも遠い位置に立つ（❶）と、パスは簡単に通されてしまいます。また、「ボール・ユウ・マン」で形成される三角形の角度が大きくても同様です（❷）。ディフェンダーがそのようなポジションにいては、相手に主導権を握られてしまうので注意しましょう。

インサイドプレーヤーのポイント シールドで相手にパスを通させない

簡単にパスを通させないディフェンスのことを、「ディナイディフェンス」といいます。ウイングにボールがあるときは、ローポストのディフェンダーは、背中をボールに向ける姿勢で、片方の前腕をマークする相手の体に押し当てながらぴったり張りつく『シールド』でディナイディフェンスを行います。こうして、相手にパスが渡るのを阻止しましょう。

アウトサイドプレーヤーのポイント 振り切られないように集中して守る

ボールマンのすぐ隣にいる得点力のあるプレーヤーのディフェンダーは、特に厳しくボールを持たせないようにします。このときも、マークする相手に密着して守る「シールド」が有効です。相手の体に触れているので、自由な動きを制限できますが、一瞬の動きで振り切られる危険性もあります。気を抜かずに集中して守りましょう。

個人戦術｜ディフェンス

04 ドリブルに対するディフェンスの仕方

ドリブルで簡単に抜かれると、レイアップシュートに持ち込まれてしまう。ドリブルをどう守るのか……。その対策を立てておこう。

ドリブルに対するディフェンスとは、ボールマンディフェンスの一つです。「ボールマンを目の前に置き、ボールとゴールの間にポジションを取り、ゴールに背中を向けて体の"面"で守る」ことが大切です。相手がドリブルを始めたら、鼻先がボールと同じ高さになるくらい低い姿勢（ノーズ・トウ・ザ・ボール）になり、ボールを体の真正面に置き、視線をボールに集中させて守ります。

フットワークはスライドステップで守るのが基本ですが、追いつかないときはクロスステップを使い、とにかく体の"面"を相手に向けて守るように努めます。ドリブルの上手なプレーヤーには少し距離を置いて守るといいでしょう。もしドリブルで出し抜かれたら、止められそうな地点を予測してそこにダッシュで先回りし、ドリブラーを捕まえます。これを「ドリブルキャッチアップ」と呼びます。

もちろん、チームメイトはカバー（ヘルプ）しなければいけません。この動きを「ヘルプ&リカバリー（ヘルプして自分のマークマンのところへ戻る）」と呼んでいます。チームメイトと協力して大きな"壁"を作り、ドリブラーの突破を防ぐようにしましょう。

日高先生の うまくなる！ 強くなる！ 3つのポイント

- ボールを体の真正面に置くスタンスで守る
- スライドステップとクロスステップを使い分ける
- 「ヘルプ&リカバリー」のチームディフェンスで守る

戦術のポイントをオンザコートで解説

ドリブルに対する ディフェンダーのポジション

ドリブラーを守るディフェンダーは、常にボールを体の正面に置くようにスタンスを取ります（❶）。ボールとゴールを結んだ架空の線上に立ち、面を作って守るわけです。もしドリブルで抜かれたら、相手が行こうとするところにダッシュで先回りし、ドリブルコースを遮るようにします（❷）。

チームディフェンスの鉄則 ヘルプ＆リカバリー

ドリブラーのすぐ隣にいるディフェンダーは、味方が抜かれたらすぐにヘルプに行きます。ドリブラーのペネトレートを止め、味方が再びドリブラーのディフェンスをできる状態になったら、すぐに自分のマークマンのディフェンスに戻ります。

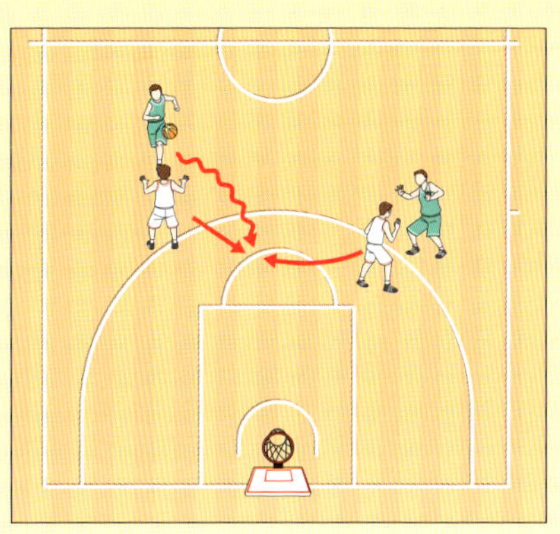

インサイドプレーヤーのポイント ボールとゴールを結んだ線上に立つ

ローポストプレーヤーのドリブルが、ゴールとは別の方向に向かったとき、それを止めようとして進行方向に立ちふさがってはいけません。ドリブルチェンジやステップでかわされてしまいます。ディフェンダーは、オフェンスプレーヤーをゴール下に進入させないように、常にボールとゴールを結んだ線上のディフェンスポジションをキープしていることが大切です。

アウトサイドプレーヤーのポイント スティールを狙えるタイミング

やみくもにスティールを狙うと、ドリブルが得意な選手には簡単にかわされてしまいます。視点を常にボールに置き、ボールがドリブラーの手から離れ、床で跳ねて、手に戻る瞬間がスティールのチャンスです。スティールを確実なものにするためにも、低い姿勢でボールを体の正面に置く基本姿勢を忠実に守って、ボディーバランスを安定させましょう。

個人戦術｜ディフェンス

05 ローポストで得点を許さない守り方

ローポストで自分よりも背が高いプレーヤーにボールを持たれると苦しくなる。ここをどう守るか、対策を立てておこう。

ローポストで長身プレーヤーにボールを持たれると、なかなか守り切れるものではありません。まずはボールを入れさせないようにすることが大切です。最も確実な方法は、ローポストにボールを入れてくるウイングにパスを通させないことです。しかし、ウイングへのパスを完全に封じ込めることはできないので、さらに対策が必要です。

基本的にはローポストでパスを受けようとする相手（ポストマン）の前に立ちはだかり、ウイングからのパスを阻止します。この動きを成功させるためには、トップにボールがあるときのディフェンスポジションがポイントです。「ボール・ユウ・マン」の原則（P.55参照）に則ってディナイディフェンスを行い、トップからウイングにパスが出されたら、ボールが空中を移動する間に相手の前に体を入れます。体の正面をウイングに向け、背中を密着させながら完全に相手の前に立って（フルフロント）守ります。ウイングが頭越しのロブパスを入れてきたら、逆サイドにいる味方がヘルプします。

コーナーにパスが展開されたら、ローポストに立つプレーヤーの周りを移動して「ボール・ユウ・マン」の原則を維持します。ボールの移動中は、常にゴールに背を向けた姿勢で腕を伸ばしておきます。

日高先生の うまくなる！ 強くなる！ 3つのポイント

- 「ボール・ユウ・マン」の原則をキープする
- ボールが空中にある間に移動する
- 完全に相手の前に立つ（フルフロント）

戦術のポイントをオンザコートで解説

完全にオフェンスの前に立つフルフロント

ウイングのプレーヤーがボールを持ったら、ローポストを守っているディフェンスはポストマンの前に立ちます。このときポストマンの太ももに自分のお尻を押しつけて、腰かけるような姿勢で守りましょう。そして手をしっかり上げておくと、ウイングはパスがしづらくなります。

ボール・ユウ・マンの原則を守ってポジションを取る

トップにボールがあるとき、ディフェンスはパスコースに手を伸ばせるゴール方向に少しズレた相手よりもボールに近い位置に立ち、ボールを入れられるのを防ぎます。ボールがウイングに移動したらフルフロント（❶）、コーナーに移動したら、トップのときと同様の考え方の位置（❷）に立ちます。

インサイドプレーヤーのポイント
ボールとゴールを結んだ線上に立つ

フルフロントに対して、相手は頭越しのロブパスを狙ってきます。このとき逆サイドにいる味方がそのパスをインターセプトするか、ボールを外に弾き出しましょう。それでもポストマンがボールをキャッチしたら、ダブルチームで挟み込み、ポストマンにプレッシャーをかけて動けないようにしましょう。

アウトサイドプレーヤーのポイント
カバーダウンでヘルプしパスを妨害

インサイドにボールを入れられたら、アウトサイドのプレーヤーは、ボールマンのヘルプに寄る「カバーダウン」を行います。そのとき、片手をボールに差し出してスナップを狙ったり、風車のように大きく腕を回転させてボールマンの視野を遮ったりして、簡単にパスを出させないようにします。

個人戦術｜ディフェンス

06 ハイポストのプレーを抑える方法

ハイポストはディフェンスにとって危険なエリアにもかかわらず、マークが甘くなりがち……。守り方をきちんと整理しておこう。

ハイポスト（フリースローライン近辺）はボールを展開するのに適したポジションです。また、ジャンプシュートとドライブも狙える、オフェンスにとっては攻撃の糸口を見つけやすいポジションです。ここで簡単にボールを持たれると、ディフェンスは後手に回ってしまいます。

ディフェンスは、ハイポストでボールを持たれないようにしなければいけません。このポジションでボールを持たれない一番の方法は、相手をここへ行かせないようにすることです。このポジションに行こうとするプレーヤーのコースを先読みして立ちはだかり、移動してくるプレーヤーを体で受け止めます。これを「バンプ」と呼びます。そのためには、常にオフェンスよりもボールに近い位置に立ち（ボール・ユウ・マンの原則）、先回りできるようにしておきましょう。

もし、このポジションでボールを持たれたら、フェイスアップ（ゴール方向に正対すること）をさせないようにします。体を押し当ててプレッシャーをかけ、動きを封じ込めるようにします。

フェイスアップされてしまったら、ローポストへのパスを阻止しながら、ゴールに直線的なドライブをさせないようにします。ここからのドライブは、味方がヘルプしにくいので注意しなければいけません。

- 相手をハイポストに行かせない
- ボールを持たれたらフェイスアップさせない
- ゴール方向への直線的なドライブを止める

戦術のポイントをオンザコートで解説

バンプで相手の動きを封じ込める

「ボール・ユウ・マン」の原則を維持してポジションに立ち、ハイポストに移動しようとするプレーヤーには、体を当ててその動きを封じ込めます。これを「バンプ」と呼びます。バンプをすることでオフェンスはコースを変えないといけないので、ハイポストを使ったプレーができなくなります。

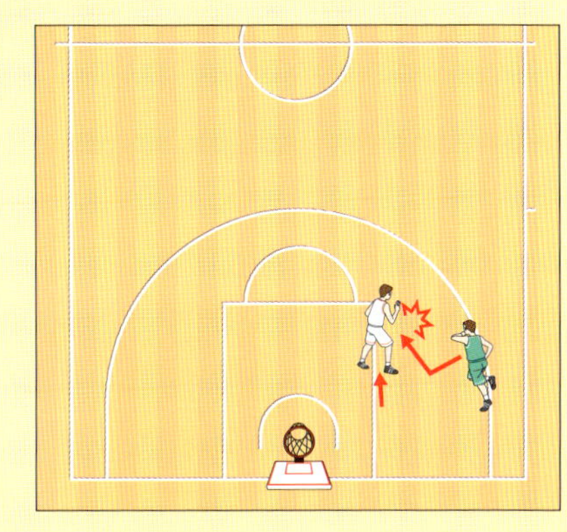

ボールを持たれたときのディフェンス

ハイポストでボールを持たれたら、ゴールに振り向かせないことが重要です。体を押し当て、しっかりプレッシャーをかけるディフェンスをしましょう。それでも振り向かれたら、直線的なドライブをされないように、なるべくコートの外に追いやるようなディフェンスをしましょう。

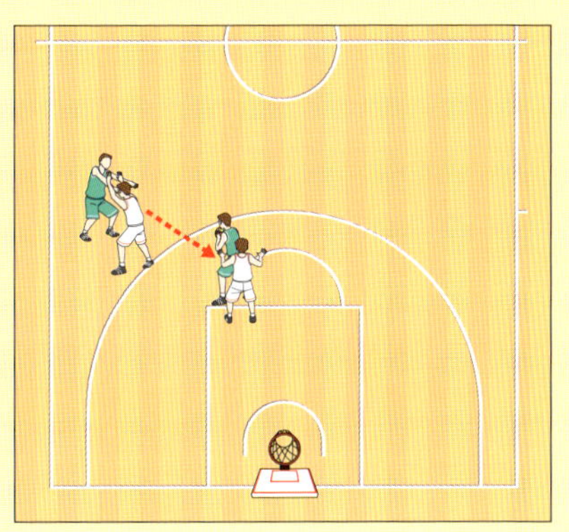

インサイド プレーヤーの役割

制限区域やハイポストから相手を追い出す

ゴール近くの長方形の制限区域は「ペイントエリア」とも呼ばれていますが､オフェンスのプレーヤーは、ここに3秒以上とどまることができません。ディフェンダーはペイントエリアを自分の家と考え、他人（相手のプレーヤー)が侵入してきたら、体を張ってでも動きを制限し、追い出さなければいけません。

ハイポストも同様に考えるべきです。日本国内のゲームでは、ハイポストからのシュートが少ないからか、簡単にボールを持たせてしまいがちですが、ここからは360度、どこにでもパスが出せるのです。

ペイントエリアやハイポストからのプレーが、相手チームのチャンスにつながることを十分に理解して、これらのエリアをしっかりと守ることが重要です。

Column 2

その戦術はホントに役立つ？学んだことは検証しよう

最先端の戦術や戦略も、実際に役立ってはじめて意味を持つ。プレーヤーも指導者も、実際にやってみて、自分たちに合ったものなのかを検証しよう。

現在では、手軽に手に入れられる様々な書籍やDVDによって、戦術や戦略を学ぶことができます。また、インターネットが普及した昨今では、日本にいながらにして、バスケットボールの先進国であるアメリカの知識を手に入れるのも難しくありません。

そのため、知識欲が旺盛なプレーヤーやコーチであれば、そうした情報を貪欲に収集し、蓄積することができます。このこと自体は、何ら問題はありません。むしろ他人が発見・開発した有益な知識を利用することは、自らそうするという手間を省き、その分、ほかの問題の解決に力を注ぐことができるので、効率性という観点からも推奨されるべきです。

しかし、それらの知識は、実際に役立ててはじめて意味を持ち、価値が生まれるということを忘れてはいけません。スポーツの世界では特にそうです。

例えば、NCAA（全米大学体育協会）のディビジョン1（1部リーグ）に名を連ねる大学のコーチが作った、ゾーンディフェンスのプレーヤーの立ち位置（ポジション）を示した図があるとします。その大学に所属しているプレーヤーは、2mを超す長身で、脚力に優れ、経験も豊富です。その力量は世界トップクラスです。こうしたプレーヤーを指導しているコーチが考える立ち位置を、そのまま日本人に適用してもよいのでしょうか。

未知の知識に触れると、他人が知らないことを知っているというだけで、誰かに伝えたくなり、披露したくなるものです。知識の豊かな者と無知な者という関係が作り出され、実際に適用可能かどうかはともかく、知らない者に新たな知識を伝授することだけが目的になりがちです。そうした知識が大いに役立つことも否定できませんが、それをそのまま適用することには慎重であるべきです。私たちが実践するときに本当に役立つかどうか、検証する作業が欠かせません。

検証するには、実際にやってみることです。そのうえで判断しましょう。プレーヤーであれば、実際にやってみて、自分に合った手法なのかどうか、身をもって判断してください。指導者であれば、自分が指導したことを実践しているプレーヤーの姿をよく見て、新しい知識（指導）を与えることの善し悪しを探り、指導のポイントを認識したうえで行うようにします。他人の知識のみに頼る態度は戒めるべきです。プレーあるいはプレーヤーに注目し、関心を持つことで、それらに適した指導を行うことが大事なのです。

CHAPTER 3

グループ戦術

オフェンス

OFFENSE

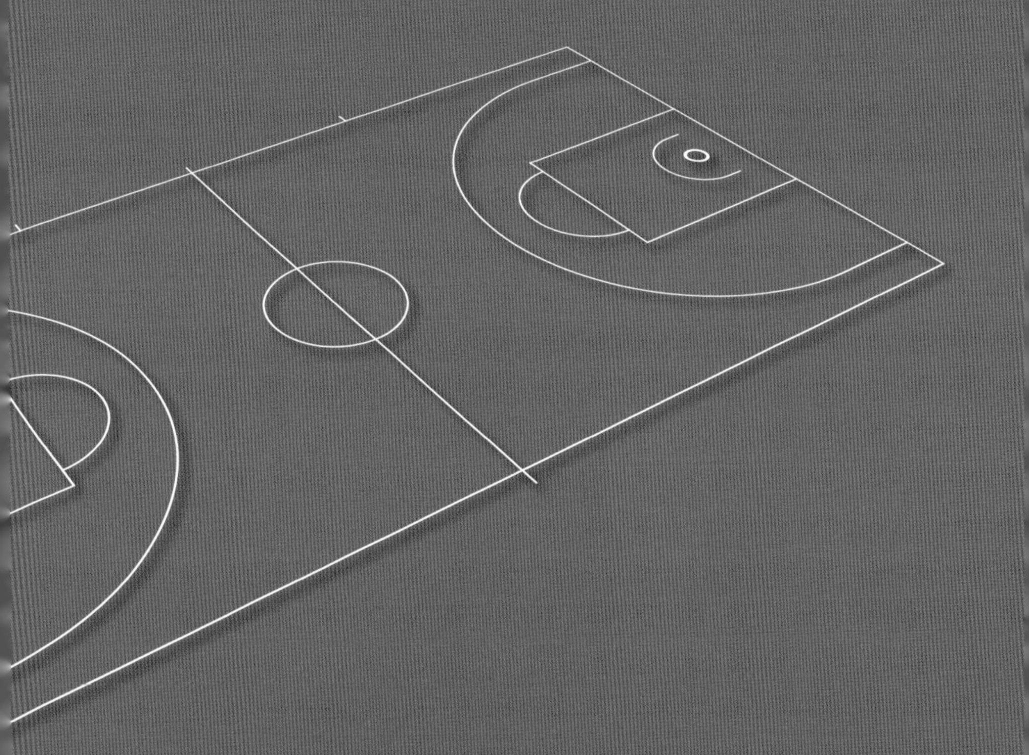

グループ戦術｜オフェンス

01 ドリブルで安全にボールを運ぶコツ

ボール運びは１人だけで行うものではない。２人で協力をしあってスペースを作り出せば、より安全にボールを運ぶことができる。

フロントコート（敵陣）へのボール運びは、２人で協力して行うと安全です。ドリブラーがドリブルしやすいスペースを作り出すために、シャローカットを使ってドリブラーの前方を横切り、その空いたスペースに向かってドリブラーはボールを進めます。このときディフェンダーを体の横に置いてドリブルするようにします。ディフェンダーにドリブルコースを遮られそうになったら、ドリブルを止めてパスをしましょう。基本的にはディフェンダーに対して背中を向けて止まり、フロントターンを行います。この動きに合わせて、シャローカットをしたプレーヤーがボールを受けるために動き出します。そして、同じように空いているスペースに向かってドリブルでボールを進めていきます。もちろん、ディフェンダーが先に行こうとしている方向に立っていたら、反対に進んでも構いません。

フロントコートに入るときには、センターサークルを横切るようにします。サイドラインの近くからフロントコートに入ると、ディフェンスに追い込まれる危険があるからです。そしてフロントコートに進んだら、制限区域を構成する長辺の延長線上の位置を目安に止まるようにします。この位置なら 360 度どこにでもパスを出せ、ディフェンスのプレッシャーもかわしやすいからです。

日高先生の うまくなる！ 強くなる！ ３つのポイント

- シャローカットを使ってスペースを作る
- ディフェンダーを体の横に置いてドリブルする
- ドリブルの進行方向にスペースを確保する

戦術のポイントをオンザコートで解説

スペースを作りながら ドリブルでボールを進める

2人でボール運びをするときは、お互いの動くタイミングとスペーシングがポイントです。シャローカットを使って、ドリブラーの前方を横切るような動き（❷）をすれば効果的にスペースを作れます。このとき、ドリブラーの利き手側にスペースを作るように動くといいでしょう。そうすれば、利き手のドリブルでボールを運ぶことになるので、より安全に前進することができます。ドリブラーは、自分のディフェンダーを体の横に置きながら、スピーディーに前進しましょう。

フロントコートのセンターラインとサイドラインが交わる付近は「コフィン（棺桶）コーナー（Ⓐ）」と呼ばれており、ここはダブルチームなどのトラップを仕掛けられやすい場所です。また、パスのコースも限られるのでインターセプトされやすいでしょう。コフィンコーナーではボールを止めないことが大切です。

インサイドプレーヤーのポイント

ウイングやハイポストでボールを受ける

アウトサイドプレイヤーの2人がボール運びをしているとき、それ以外の選手はフロントコートの深い位置に移動しておきましょう。ボールがセンターラインを越え、ドリブラーがハーフコートオフェンスのポジションにつくタイミングを見計らって、ウイング、もしくはハイポストに走り込み、ボールを受けるといいでしょう。

アウトサイドプレーヤーのポイント

ドリブラー以外の動きが重要

2人の協力でボール運びがスムーズに行われると、それだけお互いの負担も小さくなり、安全にボールを運ぶことができます。ディフェンダーが利き手側へのドリブルを予測して、その方向を遮ってきたときは、逆方向に進むことになりますが、そのときももう一人の選手は素早く移動してスペースを空けるようにしましょう。

グループ戦術｜オフェンス

02 パスでフロントコートにボールを進める方法

ボール運びはドリブルではなく、パスを主体に行うこともできる。パスなら、ドリブルよりも素早くボールを進めることも可能だ。

フロントコートにボールを進める局面で相手にボール奪われるようでは、勝ち目はありません。ドリブルは最小限にして、パスでボールを前進させる方法を覚えておきましょう。

レシーバーは、一度ゴール方向に移動し、鋭く反転してディフェンスを振り切り（Vカット）、コートの中央でパスを受けます。このとき大切なことはボールを受けるタイミングです。パッサーがパスできるタイミングは、ボールを受けてフロントコートを向いたときです。このタイミングに合わせてボール方向に動き出すと、安全にパスを受けることができます。このときパッサーも何も考えずにパスするのではなく、安全なパスができるように1～2歩の小さく鋭いドリブルでディフェンスの位置をズラしてパスアングルを変える動きを行ってから、パスを出すようにしましょう。

ボール方向に動いたレシーバーは、もしパスを受けられなければ、その場に立ち止まらず、すぐに反転してゴール方向に向かい、スペースを空けます。その空いたスペースに別のプレーヤーが走り込むようにします。ボールを持っていないプレーヤーがバランスよくスペースを取りながら、反転する動きを繰り返してコート中央でボールをつないでいきます。そうすることで、ボールを安全にフロントコートまで運べるのです。

日高先生の うまくなる！ 強くなる！ 3つのポイント

- Vカットの動きでディフェンスを振り切る
- パッサーがパスを出せるタイミングで動く
- ボールマン以外がバランスよくスペースを取る

戦術のポイントをオンザコートで解説

ボールを受けるのは コートの中央で

ボールを受けたい選手は、ゆっくりとゴール方向に向かっていき、パッサーが前を向いた瞬間に鋭く切り返しましょう。ミドル方向（2つのゴールを結んだ線の方向）に、少しボールの方に戻るように走り込んでパスを受けます（❶❸❺）。コートの中央でパスを受ければ、360度すべての方向にドリブル、もしくはパスができます。

パスはファンブルしないように、しっかりとキャッチする必要があります。また、パスを受けたら、ディフェンスの状況を見極めて、正確なピボットを使って前を向き、次にパスするプレーヤーがいたらパスをします。

インサイドプレーヤーのポイント
センタープレーヤーも ボール運びに参加する

現在では、センタープレーヤーにもボール運びへの参加が求められます。身長が高いからボールハンドリング技術がつたない、ということがあってはいけません。いつでもボール運びに参加できる基礎技術（「パス」「キャッチ」「ドリブル」）を身につけておくべきです。身長は成長とともに変化します。どんなポジションもこなせるように備えておくことが大切です。

アウトサイドプレーヤーのポイント
4対4の練習で タイミングを合わせる

パスでボールを運ぶときにパッサーがすべきことは、タイミングよくパスを出す、もしくはパスアングルを変えるためにドリブルをすることです。レシーバーは、Vカットをしてタイミングよくパスを受けるか、ゴール方向に走り出してスペースを空けましょう。ドリブルを使わない4対4などをして、根気強くパスでボールを運ぶ練習を重ねましょう。

03 スクリーンを使ったボールの運び方

ドリブラーが壁（スクリーン）を何回も使うことができれば、ディフェンスにボールを奪われることなく、安全にフロントコートに進むことができる。

スクリーンを使ったボールの運び方を説明しましょう。ドリブラーには、チームで一番ボールハンドリングの卓越したプレーヤーを選びます。ドリブラーは自分を守っているディフェンダーの横にスクリーンをセットさせ、それを利用してドリブルし、マークを外します。ディフェンダーが体の横から張りつく状態になると思いますが、そのままドリブルで前進します。ディフェンダーに追いつかれて目の前にポジションを取られたら、再びスクリーンをセットさせてそれを利用し、ドリブルでボールを前進させていきます。スクリーンを仕掛けるのはセンタープレーヤーです。センタープレーヤーのディフェンダーは一般的にはフットワークに優れているわけではないので、スクリーンを使ったドリブラーをうまく守ることができません。また、そうした守り方の練習を事前に積んでいるわけではないので、対応が難しいのです。スクリーンをセットするセンタープレーヤーは、少しずつ前進しながら、ドリブラーの前に位置しているディフェンダーの横にスクリーンをセットするようにします。ドリブラーのディフェンダーはジグザグに動くことになるはずですが、何度かこれを繰り返すと、守ることをあきらめて後退するはずです。

日高先生の うまくなる！ 強くなる！ 3つのポイント

- センタープレーヤーがセットしたスクリーンを利用する
- ゴール方向にディフェンダーがいなかったら前進する
- ディフェンスが目の前にきたらスクリーンを繰り返す

戦術のポイントをオンザコートで解説

スクリーンを利用したボール運び

ドリブラーとセンタープレーヤーでスクリーンを何度も繰り返しながら、ボールを前進させます。スクリーンとは、2対2の局面で静止したオフェンスプレーヤーが壁になり、もう1人のオフェンスプレーヤーをマークするディフェンダーの動きを遮るプレーです。壁になるプレーヤーのことはスクリーナーと呼ばれますが、オフェンスはこのプレーヤーにうまくディフェンダーを当てることができれば、マークを外すことができてフリーになれます。

ただ、ボール運びの場合は、完全にフリーになる必要はなく、ドリブラーは目の前にディフェンダーがいない状況を作り出すことができれば、それで十分だという意識でスクリーンを使ってマークを外します。それでも十分、ドリブルでボールを前進させることができるからです。

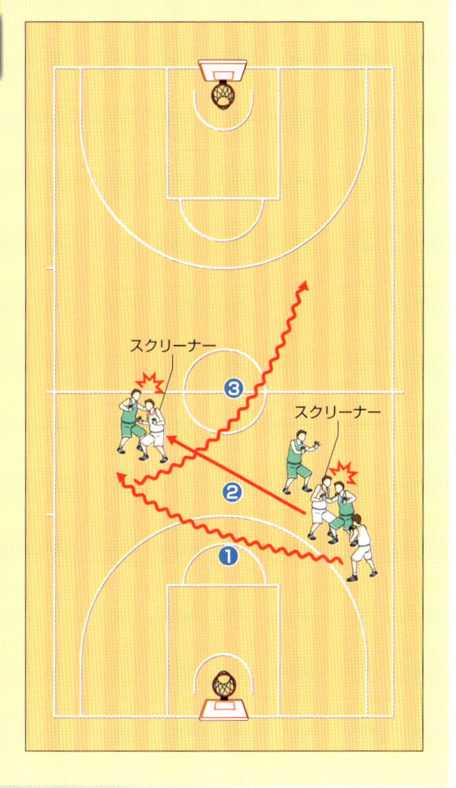

インサイドプレーヤーのポイント
ディフェンダーがスイッチをしたら

センタープレーヤーはドリブラーのディフェンダーの様子をよく見て、そのすぐ横にスクリーンをセットします。もし、センタープレーヤーのディフェンダーが、ドリブラーにマークを代えるスイッチディフェンスをしたら、センタープレーヤーはすぐにその場を離れ、ドリブラーがディフェンダーと1対1ができるスペースを空けましょう。

アウトサイドプレーヤーのポイント
スクリーナーに何度もぶつける

ドリブラーは、自分のディフェンダーをスクリーナーにぶつけるのが基本です。ディフェンダーにスクリーナーをうまくかわされたら、センタープレーヤーのスクリーンのセットを待って逆方向にドリブルで進み、再度スクリーナーにディフェンダーをぶつけます。もちろん、センタープレーヤーがいる方向に広いスペースがあれば、方向を変えずに進んでも構いません。

04 ドリブルウィーブを使ってボールを前進させる

ボールを安全に運びながら、相手を体力的にも精神的にも消耗させる戦術。ドリブルウィーブの効果を知っておこう。

バスケットボールは、駆け引きのゲームです。相手の弱点を突き、相手の不得手なことをやらせるようにし、自分たちの弱点を隠すのが鉄則です。

ディフェンダーにとっては、長い距離を長い時間にわたってドリブラーをディフェンスし続けるのはラクではありません。それを利用した戦術として、ドリブラーがドリブルでディフェンスを抜き去るのではなく、意図的にドリブルを守らせる時間を長くすることによって、ディフェンダーを体力的にも精神的にも消耗させるボール運びがあります。ドリブラーがスクリーナーになりながら手渡しパスを行うドリブルスクリーンを繰り返し（ドリブルウィーブ）、3人のドリブラーでボールを安全にフロントコートに進めるのです。

ドリブラーは、ディフェンダーを体の横に置きながらコートを斜めに移動します。ドリブラーの後方で手渡しパスを受けるレシーバーは、一度自分についているディフェンダーをボールから遠ざけるように動いてから切り返し、ドリブラーの後方に移動して手渡しでボールを受けます。

センターラインを横切るときは、センターサークルの内側を通るようにします。また、センターラインを越えた後は、少なくとも2ｍはゴールに向かってすみやかに前進し、バックコートバイオレーションから逃れるようにしましょう。

日高先生の うまくなる！ 強くなる！ 3つのポイント

- コートを斜めにドリブルで進む
- レシーバーはディフェンダーを一度、逆方向に動かす
- センターサークルの内側を通ってフロントコートに入る

戦術のポイントをオンザコートで解説

スクリーンを利用したボール運び

3人以上がかかわるドリブルスクリーンのことを「ドリブルウィーブ」といいます。厳しいディフェンスに対しては、このドリブルウィーブを使って、ボールをフロントコートまで運びましょう。

ボールを受けるプレーヤーは、ドリブラーが近づいてきたら（❶❹）、一度、遠ざかる動きをしてからドリブラーの方向に走り出し（❷❺）、手渡しパスを受けて（❸❻）ドリブルで前進します（❹❼）。

ドリブラーは、手渡しパスをするチームメイトのディフェンダーを目標にして、ドリブルをしましょう。自分の体を、そのディフェンダーにぶつけるつもりでドリブルをするわけです。もちろん、ドリブルをするときに自分のディフェンダーにボールを奪われないように、しっかりとカバーをしておくことはいうまでもありません。

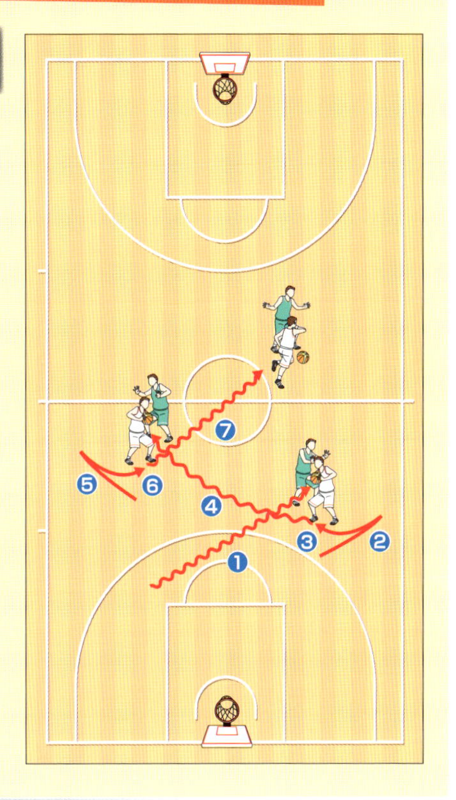

インサイドプレーヤーのポイント
ボール運びをフォローする

インサイドプレーヤーは、スペースを確保するためにエンドライン近くに位置しますが、ボールを運ぶ3人のアウトサイドプレーヤーがディフェンスに阻まれたときは、コートの中央に鋭い動きで飛び出してパスを受けます。パスを受けられなかったら、素早く元の位置に戻り、もう1人のインサイドプレーヤーが飛び出してパスを受けます。

アウトサイドプレーヤーのポイント
ディフェンダーを消耗させるコツ

相手に長い距離を移動させて消耗させるために、ボールを運ぶ3人のプレーヤーはスペースを広く取ります。レシーバーはドリブラーから離れるように動いた後、ボール方向に移動すれば、相手に方向転換を強いるので効果的です。ドリブラーは、手渡しパスをしたら速やかにその場を離れ、ボールマンとの距離を取ります。ボールマンは常に3人の中央に位置しましょう。

グループ戦術｜オフェンス

05 インサイドにボールを入れることの効果を知る

なぜ、インサイドにボールを入れる必要があるのだろうか。
チャンスが広がるメカニズムをきちんと理解しておこう。

インサイドにボールが入ると、攻撃パターンが広がります。ローポストはゴールに近く、しかもベースライン側にもフリースローライン側にもスペースがある攻撃しやすいポジションです。また、ここにボールが入るとディフェンスが収縮します。ローポストからの攻撃を一人のディフェンダーで守り抜くのは難しいので、アウトサイドにいるディフェンダーがポストプレーヤーの方に寄って、ヘルプしようとするからです。それによってアウトサイドのオフェンスプレーヤーに対するマークが甘くなり、そこへローポストからパスが出されるとシュートチャンスが生まれます。ヘルプに寄ったディフェンダーはローポストのボールマンとアウトサイドのマークマンを同時に視野に入れることが難しく、またローポストから出されるパスは、アウトサイドプレーヤーにとっては体の正面をゴールに向けた状態で受けられるので、シュートが打ちやすく、得点の確率も高くなります。そしてそこから再びインサイドにパスを入れると（リポスト）、ローポストからの攻撃はさらにラクになります。

ハイポストはボールを展開するポジションとして最適です。攻撃の糸口が見つからないときは、ハイポストにボールを入れてみましょう。

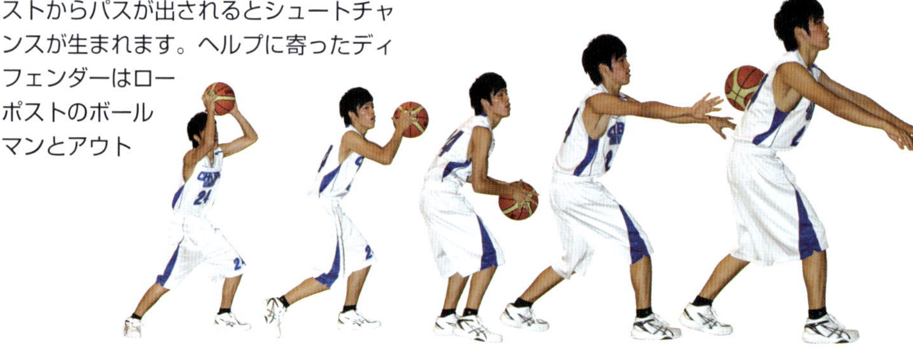

日高先生のうまくなる！強くなる！3つのポイント

- インサイドにパスを入れると、ディフェンスを崩せる
- ローポストからのパスはシュートに結びつけやすい
- リポストを狙って、ラクに得点を取りにいく

戦術のポイントをオンザコートで解説

インサイドへボールを入れてディフェンスを収縮させる

インサイド、特にローポストにボールを入れると、得点を奪われやすいこともあって、アウトサイドにいるディフェンダーがヘルプに寄ります。それによって、ディフェンダーに動きを封じられていたアウトサイドのオフェンスプレーヤーが、動きやすくなります。

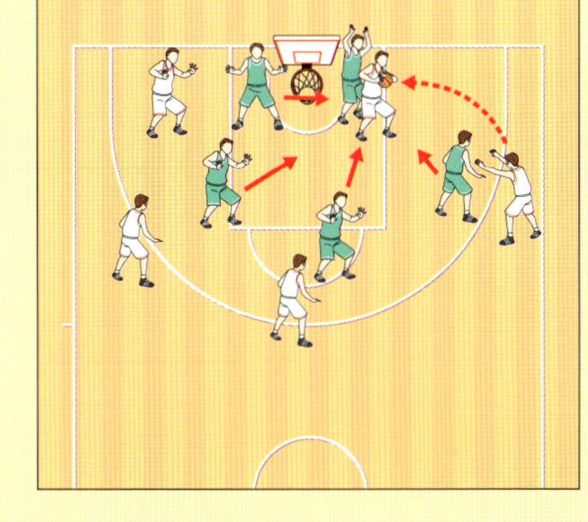

効果的なインサイドアウトのパス

インサイドにボールを入れ、ディフェンスが収縮すると、インサイドプレーヤーがアウトサイドプレーヤーにシュートにつながるパスを出しやすくなります。このようなパス交換は「インサイドアウト」と呼ばれています。アウトサイドプレーヤーはゴールに正対してパスを受けられるので、シュートが打ちやすいメリットがあります。

インサイドプレーヤーのポイント
アウトサイドプレーヤーがパスを出しやすいコースを作る

ポストプレーヤーは自分のディフェンダーにしっかりと体を寄せて、どこにパスが欲しいのかを手で示す必要があります。つまりアウトサイドプレーヤーがパスをしやすいようにパスコースを作ってあげるのです。アウトサイドにパスを出すときは、パスフェイクやボディーフェイクを使って、攻めるふりを見せるとディフェンスは余計に守りづらくなります。

アウトサイドプレーヤーのポイント
ディフェンスから離れたところにパスを出す

ローポストにボールを入れるときは、「ディフェンスから遠いところにパスを出す」というパスの原則を忘れないことが重要です。そしてローポストからのパスを受けるときは、自分をマークしているディフェンダーにインターセプトされない位置に動いて、パスコースを作ることが大切です。

06 ローポストプレーを生かすウイングの動き方

ローポストにボールが入ったら、得点のチャンス。ローポストプレーを生かすためにはウイングの協力が必要だ。適切な動き方を覚えておこう。

ローポストにボールを入れたとき、ボールマンの1対1で得点できる可能性が高い場合は、ウイングのプレーヤーはゴール方向に直線的にカットし、ウイングにディフェンダーがいない状況を作ります（これを「レーカームーブ」と呼ぶ）。こうすれば、ローポストの周りに広いスペースができ、ボールマンは周りを気にすることなく1対1ができます。ただし、この動きでは、一瞬ボールマンに対するディフェンスがダブルチームの状態になることがあるので、ボールマンはボールをしっかりと防御します。もし、ダブルチームを仕掛けられたら、ウイングからゴール下にカットしたプレーヤーにパスを出しましょう。また、ウイングがトップのプレーヤーにスクリーンをかけにいく動きでも、ボールマンの1対1を作れます。

ローポストにボールを入れた後、最も一般的なウイングの動き方は、安全にリターンパスを受けられるポジションへの移動です。これならボールマンは、1対1を仕掛けることも、アウトサイドにパスを返すこともできます。アウトサイドでリターンパスを受けたプレーヤーは、もちろんシュートを狙いますが、もしディフェンスが対応してきたら、再びポストにボールを入れます（リポスト）。

日高先生の うまくなる！ 強くなる！ 3つのポイント

- ゴール方向に走り込んで、スペースを作る
- トップにスクリーンをかけて、チャンスを広げる
- リターンパスとリポストを狙って攻める

戦術のポイントをオンザコートで解説

スペースを空けて 1対1をさせる

ローポストで1対1をさせたいときには、ウイングはローポストにパスを入れたら、ゴール方向に直線的に走り込みます。このときウイングのディフェンダーがボールマンのボールをスナップしたり、ダブルチームを仕掛けたりするので、ボールマンはそれに備えておきましょう。ウイングがいなくなったら、1対1を始めます。

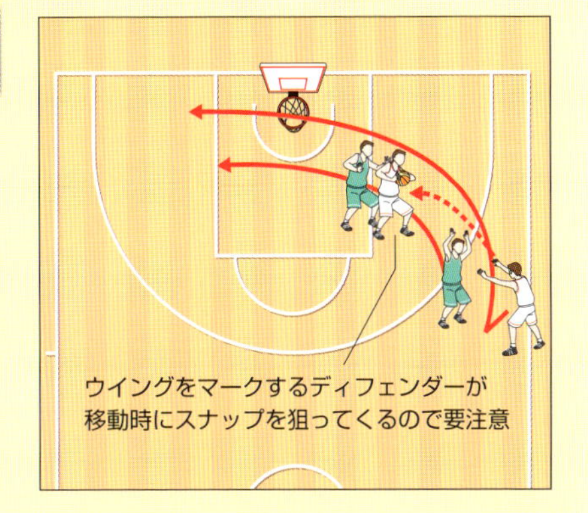

エルボースクリーンを使う

ウイングはフリースローラインの端（エルボー）に向かい、トップのプレーヤーにスクリーンをかけます（❷）。この動きをすると、ウイングのディフェンダーはローポストにヘルプに行けないので、ボールマンの1対1がラクになります。もちろん、ヘルプにくれば、スクリーンプレーをしている味方のどちらかがノーマークになります。

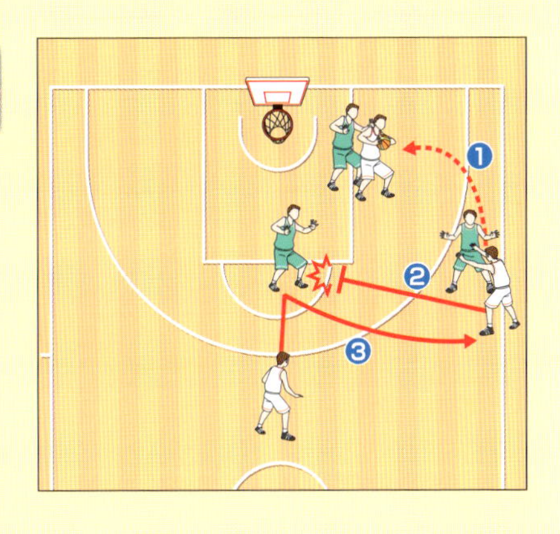

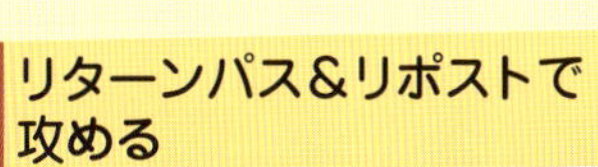

リターンパス&リポストで攻める

ローポストとウイングの間でインサイドアウトを行います。ウイングのディフェンダーがローポストにヘルプに行けば（これを「カバーダウン」と呼ぶ）、ローポストからウイングにリターンパスをして、ウイングからシュートを狙います。その動きに対応してきたら、再びローポストにパスを入れて（リポスト）、1対1を狙います。

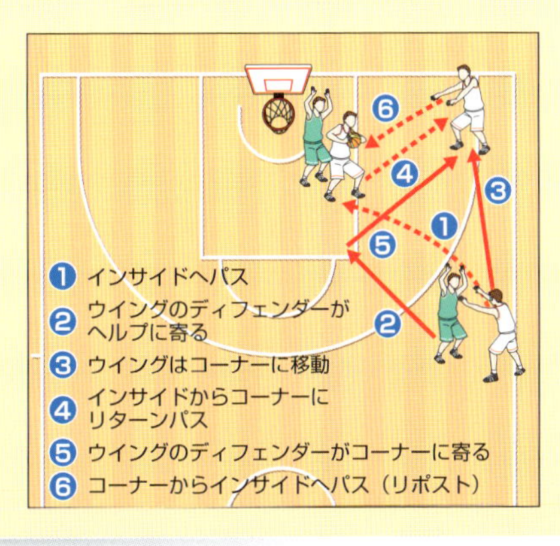

グループ戦術｜オフェンス

07 パス&ランを使ってシュートチャンスを作る

チームメイトとの「あうん」の呼吸で得点したときの喜びは言葉では表せない。ここでは基本のコンビネーションプレーを紹介しよう。

チームメイトとの連携で得点するパターンはいくつかありますが、最も基本的なものが「パス＆ラン」です。パッサーはパスを出した後、油断したディフェンダーが適切なポジションを取らなかったら、ディフェンダーの前を走り抜け（フロントカット）、リターンパスを受けてシュートに持ち込みます。もちろん、状況によってはディフェンスの背後に走り込む（バックカット）ことも必要です。つまり、ディフェンダーのポジショニングによって、走り込むコースを変えるわけです。

トップからウイングにパスされたときの「パス＆ラン」を例にすると、ボールを受けたプレーヤーがパスを通せるコースは３つあります。自分をマークするディフェンダーの両サイドと頭越しです。この３つのパスコースをうまく使い分けることができれば、ディフェンスを崩しやすくなります。

また、「パス＆ラン」は、シュートに持ち込むことだけが目的ではありません。走り込んだ後に生まれるスペースがチャンスにつながります。ドライブを仕掛けることも、別のプレーヤーが走り込んでボールを受けることもできます。

「パス＆ラン」を使うとチームオフェンスによい流れが生じることを覚えておきましょう。

日高先生の うまくなる！ 強くなる！ 3つのポイント

- カットするコースはディフェンダーのポジショニングで決まる
- 3つのパスコースを使い分ける
- スペースを空けて、次のチャンスにつなげる

戦術のポイントをオンザコートで解説

ウイングにパスしたときのパス&ラン

トップからウイングにパスを出したときに、目の前のディフェンダーがウイング側に寄らなかったら、ディフェンダーの前を通ってゴールに向かいます（❶=フロントカット）。ウイング側に寄ったら、ディフェンダーの背後を抜けてゴールに向かいます（❷=バックカット）。

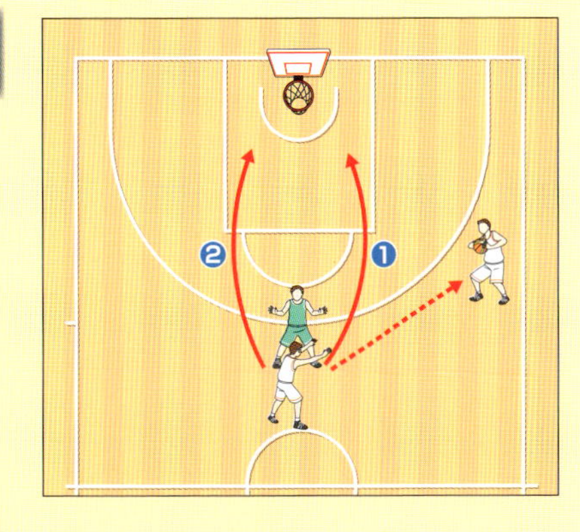

パスを出すコースを使い分ける

リターンパスを出すコースは3つあります。1つ目はディフェンダーのセンターライン側を通すコース（❶）。2つ目はバックカットしたプレーヤーに向けてディフェンダーの頭上を通すコース（❷）。3つ目はしっかりピボットを踏んで、ディフェンダーのエンドライン側を通すコース（❸）です。

インサイドプレーヤーのポイント 飛び込めるスペースを空ける

アウトサイドプレーヤーのカットコースに立つインサイドプレーヤーは、速やかにコースを空けてあげましょう。移動することで、スペースが広がってパスコースができるので、アウトサイドプレーヤーはラクにボールを受けられるようになります。また、ボールを受けたときにスペースがあれば、シュートを打つこともできます。

アウトサイドプレーヤーのポイント 3つのコース別のアタック方法

パスをした後、ディフェンダーが「パス&ラン」を警戒して後ろに下がったら、ゆっくりとした動きで間合いを縮めた後、急激にスピードを上げる動きでディフェンダーを振り切ります。1つ目のコースでパスを受けたときはレイアップシュート、2つ目ではゴール下のシュート、3つ目ではローポストからの1対1のアタックを狙いましょう。

グループ戦術｜オフェンス

08 ドライブ&キックの基本的な合わせを知る

ドライブをすると、すぐ近くにいる味方のディフェンダーがドリブラーに引き寄せられる。この動きを有効に使う方法を身につけよう。

ドライブに対して、ディフェンダーは一般的にヘルプディフェンスをするよう習慣づけられています。ディフェンダーを引きつけておいてパス、というプレーは、初歩的なプレーに見えて、とても効果的です。「ドライブにディフェンスを引きつけ、マークが甘くなったプレーヤーにパス（ドライブ＆キック)」というプレーをチームメイトと協力して意図的に作り出しましょう。

基本的には、ドライブするプレーヤーがパスできるポジションに、レシーバーが動いてパスを受け、シュートに結びつけます。できるだけディフェンダーの背後は避けて、パスコースにディフェンダーの手が届かない場所に動きます。

ドライブに対して合わせる動きは、特定のパターンがあるわけではありませんが、ゲームで頻繁に使われ、成功する動きがあります。これらは基礎技術と考え学んでおきましょう。

またドライブ＆キックをするタイミングを知っておくことは大切です。ボールを左右のサイドに２～３回展開したときがそのときです。ディフェンスはインサイドから外に飛び出してきており、ドライブはカウンターの動きになります。また、隣のプレーヤーがカットした後も広いスペースが生まれ、ドライブのチャンスになります。

- パスしやすいポジションに移動しボールを受ける
- 有効な動きのパターンを覚える
- よいタイミングでドライブを仕掛ける

戦術のポイントをオンザコートで解説

エンドライン側へのドライブに合わせる動き方

エンドライン方向にドライブをすると き、3つの合わせ方があります。「バスケット（❷）」と呼ばれる、ゴール正面でパスを受けるプレーは、制限区域を斜めに走り込む（ダイブ）と守りづらい動きになります。また、逆サイドのウイングにいるプレーヤーがコーナーに移動する「ドリフト（❸）」、ドライブをしたプレーヤーがいた場所に移動する「ドラッグ（❹）」もあります。

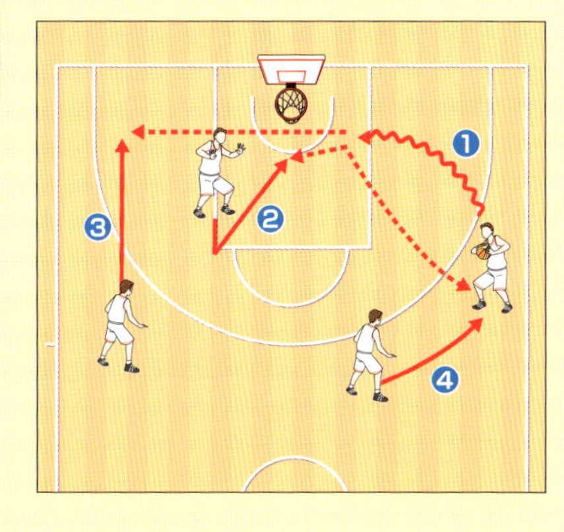

ボールサイドのローポストプレーヤーの合わせ方

ボールサイドのローポストにいるプレーヤーは、ドライブに対して遠ざかるように動くのが原則です。エンドライン側へのドライブ（❶）に対してはハイポスト方向に（❷）、ミドル方向へのドライブ（❸）に対してはコーナーに移動（❹）しましょう。また、ドライブをしたプレーヤーがいた場所に入れ替わるように動く（❺＝エクスチェンジ）のも効果的です。

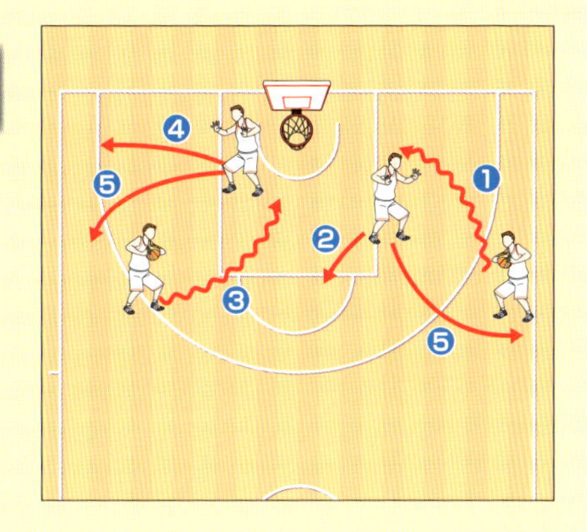

ほかにもある合わせのパターン

トップからのドライブに対して、ローポストにいるプレーヤーが合わせるときは、50cm ほどサイドライン方向に動くだけで構いません。

また、ポストプレーヤーがもう1人のポストプレーヤーのプレーに合わせる動き方は、互いが円を描くように動いて（❶）距離を保つといいでしょう。

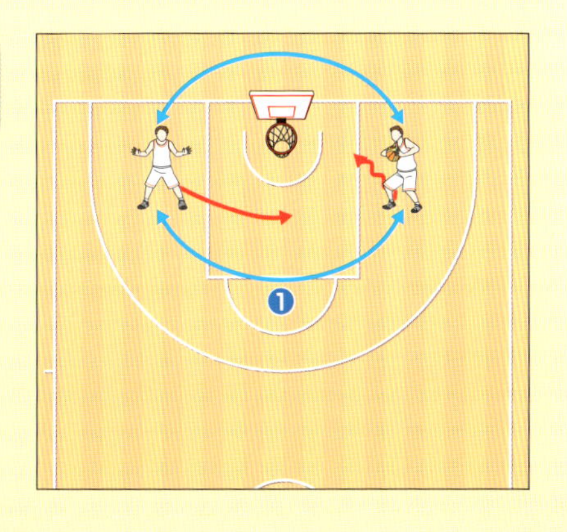

09 スクリーンを使ってシュートチャンスを作る

スクリーンプレーを習得すれば、シュートチャンスを格段に増やせる。効果的な動き方を覚えて、ディフェンスを手玉に取ろう。

スクリーンを使ったプレーは様々ありますが、中でもボールを持たない者同士で行うスクリーンプレーを総称して「オフボールスクリーン」と呼んでいます。その中で最も頻繁に使われるのがダウンスクリーンです。ここでは、それを取り上げて説明します。

スクリーンをセットするプレーヤーをスクリーナー、スクリーンを使うプレーヤーをユーザーと呼びます。スクリーナーは自分よりもゴール側にいるチームメイトのディフェンダーにスクリーンをセットします。基本的にはスクリーナーの背中側がノーマークになるポジションです。スクリーナーはユーザーに動いてほしいスペースに背中を向けてスクリーンをセットします。

ユーザーは、スクリーナーが静止してから動き始めます。スクリーナーが静止する前にスクリーンを使うとファウルになります。ユーザーは、ディフェンダーをスクリーナーにぶつけるために、自分がどのように動けばいいのかをイメージしなければいけません。また、ユーザーは､スクリーナーの側を通りすぎるとき、肩と肩が触れ合うようなギリギリのところを擦り抜ける（ブラッシング）ようにして、ディフェンダーに間に割って入られないようにします。間に割って入られると、マークを外すことができないからです。

日高先生の うまくなる！ 強くなる！ 3つのポイント

- スクリーンを効果的に使ってノーマークを作る
- スクリーナーが止まってから、スクリーンを利用する
- ユーザーとスクリーナーの間に隙間を作らない

戦術のポイントをオンザコートで解説

ダウンスクリーンによるノーマルカット

ウイングのスクリーナーが、コーナーからローポストに動いたユーザー（❶）にダウンスクリーンをかけます(❷)。スクリーンを使ってマークを外し、ウイングの方向に移動した（❸）ユーザーが、トップからのパスを受けます(❹)。パスを受けたユーザーは、シュートを狙います。

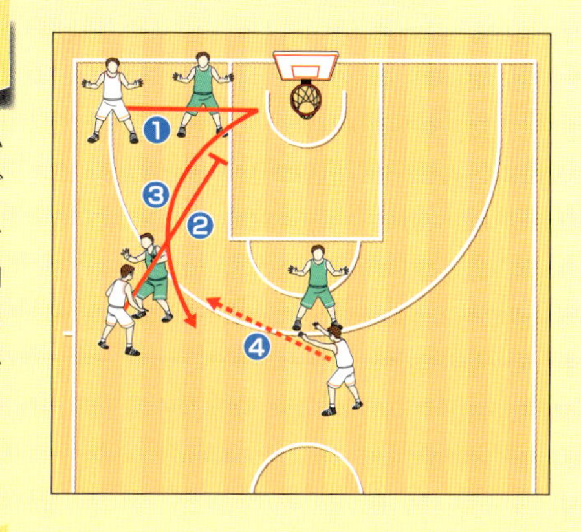

カールカットでディフェンスを振り切る

ダウンスクリーンによるノーマルカットを試みたとき、スクリーナーをうまくかわしたディフェンダーが追いかけてきたら、ユーザーはスクリーナーの体に巻きつくように動いて（❶＝カールカット）ディフェンダーを振り切ります。ユーザーはスクリーンを使うとき、ディフェンダーの動きをしっかり把握しながら、自分の動き方を変える必要があります。

フレアーカットとステップスルー

ダウンスクリーンのプレーで、ユーザーのディフェンダーがスクリーナーとそのディフェンダーの間を通り抜けてきた（スライド）ら、サイドライン方向に動きましょう（❶＝フレアーカット）。また、ユーザーとスクリーナーのディフェンダーがマークする相手を交換したとき（スイッチ）は、スクリーナーがゴール方向に動き（❷＝ステップスルー）、パスを受けましょう。

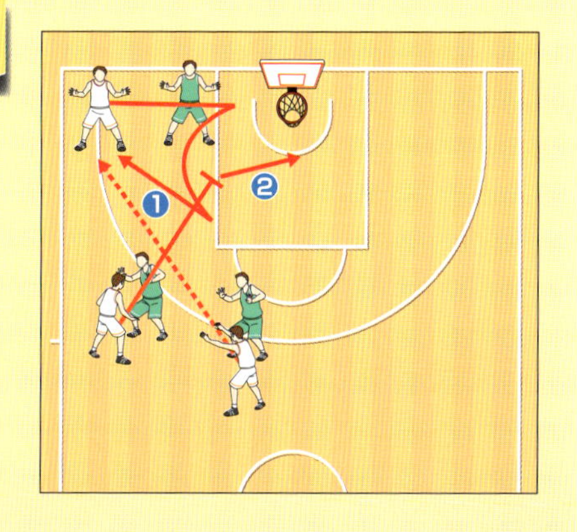

10 ピック&ロールを使って攻める

絶妙なコンビネーションで得点を狙うピック&ロールは、強力な攻撃パターン。攻撃のバリエーションとして、ぜひ覚えておきたいプレーだ。

ピック＆ロールは、近年、その威力が見直され、様々なレベルで使われるようになってきました。習熟すると、高い確率でディフェンスを攻略できるからです。基本的には、スクリーナーになるインサイドプレーヤーとユーザーになるアウトサイドプレーヤーの２人で協力してシュートチャンスを作ります。

まずは基本の形を覚えた後、細部の対応技術を身につけましょう。多彩なオプションプレーがありますが、基本はドリブラーがスクリーンを使って、自分をマークするディフェンダーを振り切ってシュートに持ち込むプレーです。そのプレーを止められたときにはじめて、オプションプレーに移行します。

ボールマンはサイドライン側のエンドライン方向にドライブすると見せかけてディフェンダーを引き寄せた後、ミドル方向にドリブルを行います。ディフェンダーをスクリーナーに当てて振り切り、シュートを狙います。もし、スクリーナーのディフェンダーがスイッチをしてきたら、ドリブルを続けてその場から離れるように動きます。スクリーナーには体格で劣るディフェンダーがつくことになる（ミスマッチ）ので、スクリーナーがゴール下に移動してパスを受け、シュートに持ち込みます。これがピック＆ロールの基本的なパターンです。

日高先生の うまくなる！ 強くなる！ 3つのポイント

- ピック&ロールで得点を量産できる
- ドリブラーは第一にシュートを狙う
- スイッチディフェンスでできたミスマッチを攻める

戦術のポイントをオンザコートで解説

スクリーンのセットとロールの動き

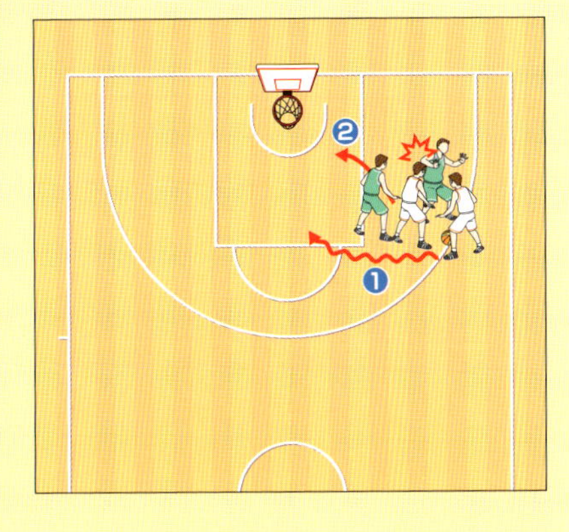

スクリーンの角度は、センターライン側からやや斜めにセットするとうまくいきます。ボールマンはボールを体のエンドライン側に持って、自分のディフェンダーをその方向に引き寄せます。そして、ドリブルしてスクリーンを使い（❶）、シュートを狙います。スクリーナーはスクリーンをかけたら反転（ロール）し、ゴールに向かいましょう（❷）。

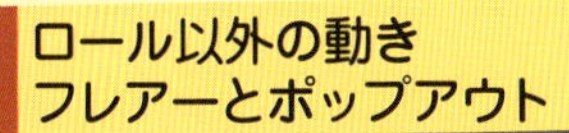

ロール以外の動き フレアーとポップアウト

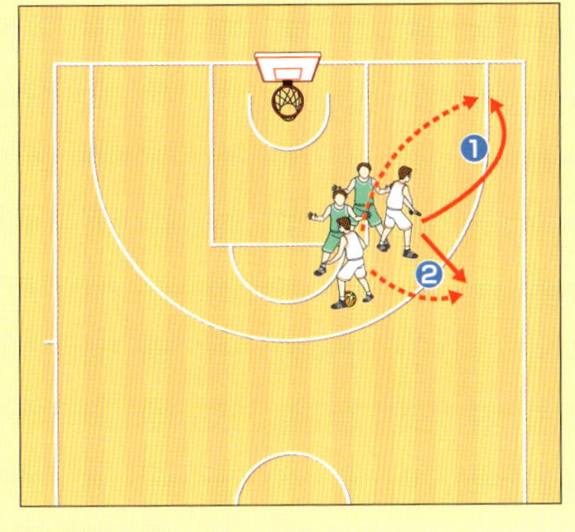

スクリーナーは、自分とドリブラーの2人のディフェンダーがともにドリブラーを守るような動きを見せたら、コーナーに広がる「フレアー」の動き（❶）でディフェンダーを振り切ります。また、2人のディフェンダーがともにゴール側に下がった場合は、アウトサイドに飛び出して（❷＝ポップアウト）、シュートを打ちます。

インサイドプレーヤーのポイント スクリーナーに必要なピックの技術

スクリーナーは、ドリブラーのディフェンダーが自分と自分のディフェンダーの間を擦り抜けようとしたら、ターンをしてそのディフェンダーを背中で抑え、ゴール方向に走り込みます。ドリブラーのディフェンダーが自分とドリブラーの間に割って入ろうとしたら、ディフェンダーがスクリーンを通りすぎる前にゴール方向に走り込み、パスを受けます。

アウトサイドプレーヤーのポイント ショーディフェンスに対応するドリブル技術

ボールマンは通常、アウトサイドプレーヤーです。相手のショーディフェンスに対応できるドリブルの技術を、ぜひ、身につけておかなければいけません。特に、ステップバックしてショーディフェンスをかわすドリブル、あるいはステップバックと見せかけてディフェンダーとチームメイトの間を擦り抜けていくドリブルの技術が必要です。練習して身につけましょう。

11 クロススクリーンでチャンスを作る

クロススクリーンはインサイドのプレーを有利に進められる攻撃法。ゴール付近をうまく攻められれば、チームの得点力はアップする。

制限区域を左右に横断するように仕掛けるクロススクリーンは、インサイドプレーヤー同士でよく使われます。ゴール近くでディフェンダーに対して有利な状態でボールを受けられるので、インサイドプレーヤーにとっては強力な武器になるからです。

トップからウイングにパスされたとき、ボールサイドのローポストにいるプレーヤーがゴール下にスクリーンをセットします。逆サイドのローポストにいるプレーヤーは、一度アウトサイドに出る動きをしてから、スクリーンを利用してボールサイドのローポストに移動し、ボールを受けようとします。スクリーナーはユーザーが通りすぎたら、ボール方向を向くようにロールし、すぐにハイポストに移動して（シェイプアップ）、ゴール下のエリアにスペースを作ります。

ディフェンスがスイッチしたら、スクリーンを仕掛けたプレーヤーの「スクリーン＆ロール」がチャンスです。ユーザーのディフェンスに体を押し当てながらロールを行い、ディフェンスを背中に背負う体勢になってボールを受け、シュートに持ち込みます。

いずれのチャンスもなかったら、シェイプアップしたスクリーナーにパスし、再度インサイドにポジションを取ったユーザーにパスを入れるハイロープレーを狙います。

日高先生の うまくなる！ 強くなる！ 3つのポイント

- インサイドプレーヤー同士のスクリーンでゴール付近を攻める
- ブラッシングをして、スクリーンをしっかりかける
- スクリーン後の動きでスペースを作り出す

戦術のポイントをオンザコートで解説

クロススクリーンの基本の形を知る

スクリーナーはスクリーンをゴール近くにセットします（❶）。ユーザーは一度外に広がる動きをしてから、ボールサイドに向かって走ります（❷）。スクリーンを利用してボールサイドのローポストでボールを受けて攻撃します（❸）。スクリーナーはロール＆シェイプアップの動きでゴール付近のスペースを素早く空けます（❹）。

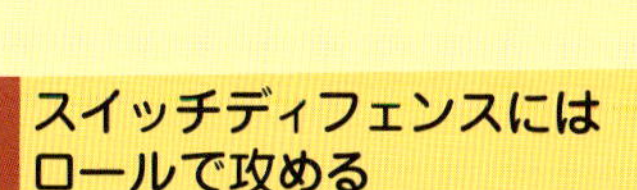

スイッチディフェンスにはロールで攻める

スクリーンに対してディフェンスがスイッチしたら、スクリーナーはその場でロールを行い、ディフェンスに自分の背中をしっかりと押しつけて、動きを封じ込めます。そのままボールを受けて、ゴール下のシュートを打ちましょう。

インサイドプレーヤーのポイント
スペースを確保してハイロープレーを狙う

スクリーンをセットする動き出しのタイミングは、ボールがトップからウイングに移動している間です。スクリーナーはロールをした後、すぐにハイポストに移動してゴール下のエリアを空け、自分とユーザーの２人がともに動けるスペースを確保します。ハイポストでボールを受けたら、インサイドに入ってくるユーザーにパスを入れる「ハイロープレー」を狙います。

アウトサイドプレーヤーのポイント
アウトサイドからのパスの３つのポイント

アウトサイドからのパスには３つのポイントがあります。１つ目はタイミングです。パスは、できるだけ早くゴール下に入れることを狙います。２つ目はコースです。常にディフェンダーから遠いところにパスをします。３つ目は、目の前のディフェンダーです。レシーバーだけではなく、自分のディフェンダーの動きも見ておき、パスを妨害されないように気をつけます。

Column 3

ポストポジションと役割を正確に知っておく

ローポストでは得点を狙い、ハイポストではボールを展開する。それらを実行するために、それぞれの正しいポジションを覚えておこう。

ローポストポジションの正しい位置とは

フリースローレーンにあるニュートラルゾーンのことを「ブロック」と呼びますが、正しいローポストポジションとは、ブロックよりもフリースローライン側のことです。ブロックよりもエンドライン側に足を置くと、エンドライン側にスペースがなくなり攻撃がしづらくなります。このときのスタンスは、サイドラインと平行ではなく、エンドライン側の足を少し前に出して角度をつけた方がプレーしやすいでしょう。ローポストでボールを受けたプレーヤーは、まずは自ら得点することを考えましょう。

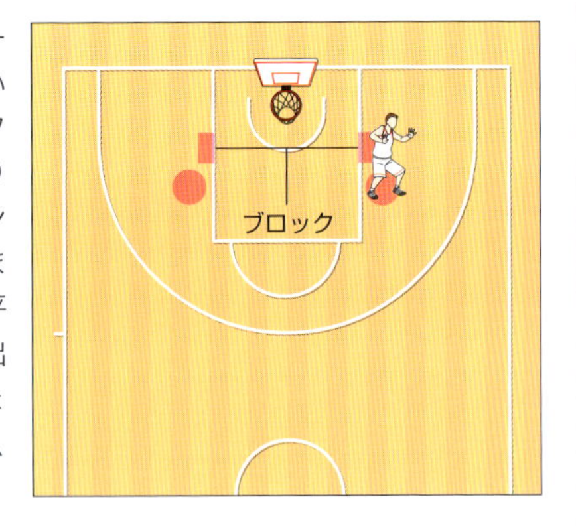

ハイポストポジションの正しい位置とは

ハイポストポジションとは、フリースローサークル全体を含む、3ポイントライン辺りまでの広いエリアのことと考えましょう。このエリアでパスを受けると、どこにでもパスを展開することができるので、オフェンスは多彩な攻撃を仕掛けることができます。ハイポストからはジャンプシュートも打てるし、ドライブも有効です。ドライブをしたときは周りのディフェンダーの動きをよく見て、ヘルプに寄ってきたらパスを出しましょう。

グループ戦術

ディフェンス

DEFENSE

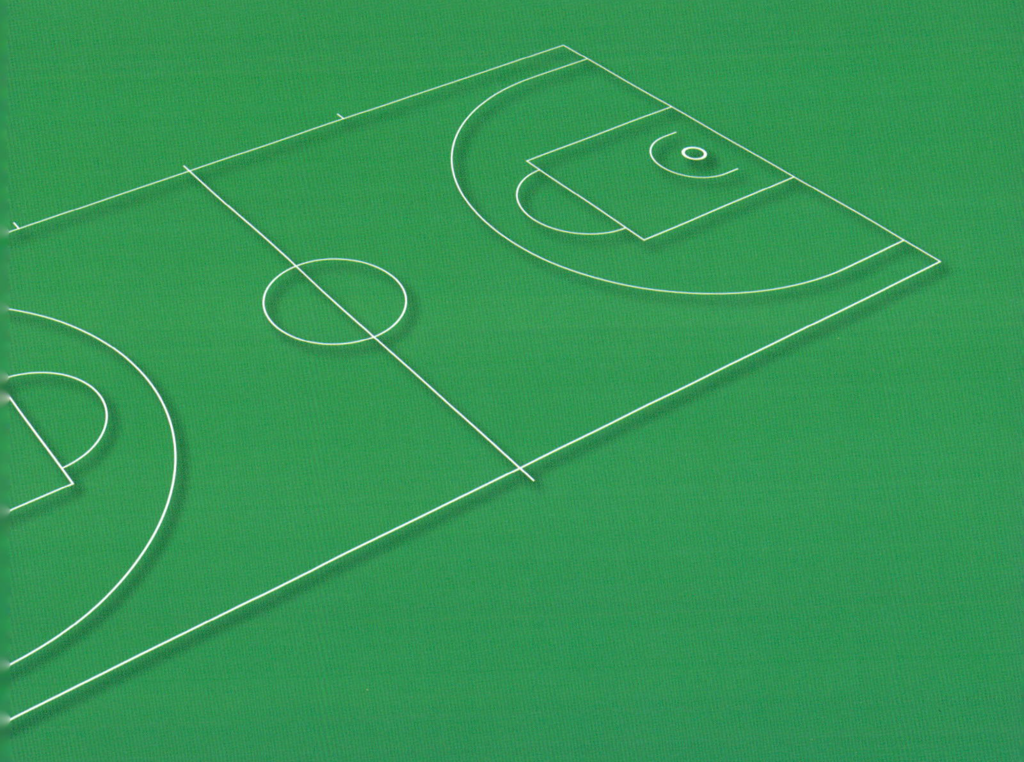

グループ戦術｜ディフェンス

01 アウトナンバーでも得点を許さない守り方

オフェンス有利のアウトナンバーになっても、ディフェンスはあきらめてはいけない。守り方によっては、得点を阻止できる。

相手の速攻でアウトナンバーの状況になったときは、まずは「ゴールを守る」が鉄則です。ゴール下を固め、ここからの得点を止めましょう。次に大事なのは「ボールを守る」です。インターセプトは決して狙わず、オフェンスにできるだけ手数をかけさせ、時間を稼いで味方が戻ってくるのを待ちます。チームメイトはもちろん、全力でディフェンスに戻りましょう。

1対2の場合、ディフェンダーはボールマンに片方の肩を向け、もう1人に体の正面を向けて守ります。パスコースと両肩を結んだ線が平行になるスタンスです。パスが出されたら、体の向きを変え、常に同様の姿勢を保ちましょう。一定の距離を保ちながら、ボールマンにはインターセプトのフェイントをかけて慎重に攻撃するようにしむけ、できるだけ相手の攻撃を遅らせるようにします。

2対3の場合は、1人はゴール下に、もう1人はフリースローライン辺りに立ち、ディフェンスエリアを狭くします。相手がシュートを打てる距離までボールを運んできたら、1人はゴール下を固め、もう1人はボールを守ります。ボールが展開されても同様です。チームメイトは、ボールマンとは反対サイドに全力で戻りましょう。

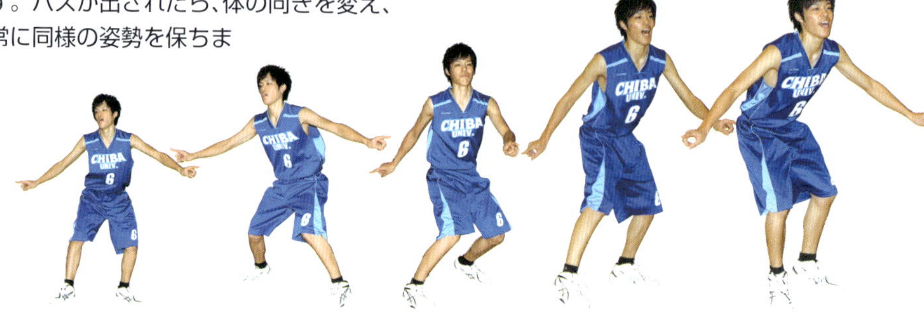

日高先生の うまくなる！ 強くなる！ 3つのポイント

- 第一にゴールを守る、第二にボールを守る
- 攻撃に時間をかけさせる
- チームメイトは全力で戻る

戦術のポイントをオンザコートで解説

1対2の場面は ゴールを守る

ディフェンダーはボールマンに片方の肩を向け、もう1人のプレーヤーに体の正面を向けて守ります。できるだけプレーに手数をかけさせ、チームメイトが戻ってくる時間を稼ぎましょう。ゴール下でのシュートを許さず、アウトサイドからシュートを打たれたら、シューター以外のプレーヤーをブロックアウトします。

2対3の場面は ボールとゴールを守る

守るエリアを狭くして、ゴールから離れた場所のプレーには余計なディフェンスをしないようにしましょう。1人はゴール下に、もう1人はフリースローライン辺りに立ちます。ボールがウイングにパスされたら、1人はゴール下、1人はボールを守ります（❶）。そこから逆サイドのウイングにパスをされたら、ポジションを交代しましょう（❷）。

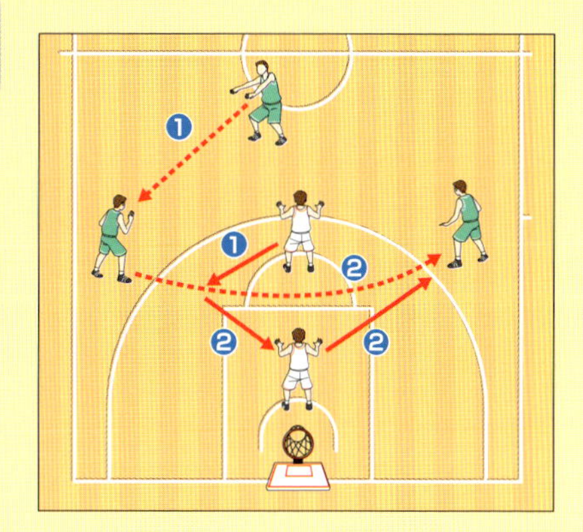

状況を見て飛び出し ボールマンにつく

ボールマンのディフェンダー（Ⓐ）は、自分よりもゴール側にいる相手にパスを出される（❶）と、ボールを目で追うためには体の向きを変えなければいけないので対応が遅れます。このようなパスを出されたときは、ゴール下にいるディフェンダー（Ⓑ）が大声で「ボール！」とコールして、ボールマンのマークに走り（❷）、代わりにⒶがゴール下に移動します（❸）。

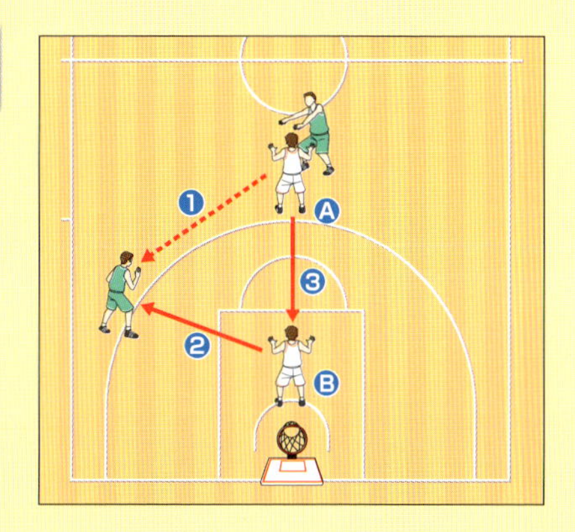

グループ戦術｜ディフェンス

02 スクリーンプレーに対処するための事前準備

シュート力のあるチームにノーマークでシュートを打たせてはいけない。特にスクリーンへの対処がおろそかになると、簡単にシュートを打たれてしまう。

相手のスクリーンプレーは簡単に守れるものではありません。どう外すのか、そのやり方を知って身につけないと、対処できないのです。特にレベルが高くなってくると、相手はスクリーンを巧みに使ってくるので、事前に準備しないとなかなか対応できません。

スクリーンの種類は数多く、それぞれに異なる対処法がありますが、まずはボールを持っていないプレーヤー同士のダウンスクリーンに対する守り方を身につけましょう。

スクリーンがセットされたら、ユーザーのディフェンダーはユーザーと一体になり、ユーザーとスクリーナーの間に割り込んで通り抜ける準備をし、実行します。この守り方を「ファイトオーバー」、もしくは「オーバー・ザ・トップ」といいます。この守り方は、ボールサイド、ヘルプサイド（ボールがないサイド）いずれのスクリーンにも対応でき、相手にプレッシャーを与える守り方です。また、ヘルプサイドのダウンスクリーンに対してユーザーのディフェンダーは、スクリーナーとスクリーナーのディフェンダーの間を擦り抜けていく「スライドスルー（スライド）」で守っても構いません。スライドスルーの瞬間、スクリーナーに対するマークが甘くなりますが、スクリーナーはその場ですぐにシュートにつながるプレーができないので大丈夫です。

日高先生の うまくなる！ 強くなる！ 3つのポイント

- ボールサイドはファイトオーバー（オーバー・ザ・トップ）で守る
- ヘルプサイドはスライドスルー（スライド）を使う
- 最後の手段としてスイッチを身につけておく

戦術のポイントをオンザコートで解説

ボールサイドのスクリーンはファイトオーバーで対処

ボールサイドのスクリーンプレーに対しては「ファイトオーバー」で対応します。ディフェンダーはユーザーに密着して移動しますが、スクリーナーとの距離が近づいたらスタンスをスクリーナーのスタンスと平行にするようにして、肩がスクリーナーにぶつからないようにして通り抜けます。

ヘルプサイドのスクリーンはスライドスルーでかわす

ヘルプサイドでは、スクリーナーはその場ですぐにシュートにつながるプレーができません。それを利用して、スクリーナーのディフェンダーは少し距離を空けて(❶)、ユーザーのディフェンダーにそこを通り抜けさせます(❷)。ボールとスクリーナーを同時に視野に入れることができるオープンスタンスで守ります。

インサイドプレーヤーのポイント
ミスマッチを防ぐためスイッチは避ける

一般的に身長が高く、体重が重いのがインサイドプレーヤーです。スクリーンをかわすために、ユーザーのディフェンダーがスクリーナーにつき、スクリーナーのそれがユーザーにつく「スイッチ」をしてしまうと、背の高いオフェンスプレーヤーに対して背の低いディフェンダーがつくことになってしまいます。ミスマッチを防ぐため、できるだけスイッチは避けましょう。

アウトサイドプレーヤーのポイント
ディフェンス力を決めるスクリーンへの対処

相手のスクリーンの狙いは、ボールマンをプレーしやすい状況にすることです。スクリーンをかわすディフェンス力を身につけないと、厳しいディフェンスができなくなるので、相手にシュート、パス、ドライブを簡単に行われてしまいます。数多いスクリーンのそれぞれの対処法を、しっかりと身につけておきましょう。

グループ戦術｜ディフェンス

03 ハイロープレーに対するディフェンスを覚える

背の高いインサイドプレーヤーのコンビプレーにハイロープレーがある。ハイロープレーの守り方を理解しておこう。

ハイポストにボールが入らない限り、ハイロープレーは成立しません。ハイロープレーを止める最も簡単な方法は、コンビを組むプレーヤーのハイポストへの動きを阻止する、あるいはそこでボールを受けられないように厳しいディナイディフェンスをすることです。

また、できるだけ高いところ、つまりフリースローサークルよりもセンターライン側でボールを受けさせるようにする方法もあります。それでもボールがハイポストに入ったら、ハイポストのボールマンに体を密着させ、ゴール方向に振り向かれないようにし、パスを出されるのを阻止します。またハイポストでボールを持たれた瞬間、ローポストのディフェンダーはローポストプレーヤーに体を寄せ、動きを止めるようにします。両足を踏ん張って立ち、制限区域内に移動させないようにします。相手が体格で勝っていて、体重が重いときには、前向きで止めても相手はズルズルとインサイドに進入してくるので、横向きで止めるようにします。つまりフリースローラインと平行に両足を開き、しっかり踏ん張って自分の前を横切らせないようにし、もし背中側から進入しようとしてきたら、バックターンを行って背中で相手の動きを阻止します。

日高先生の うまくなる！ 強くなる！ 3つのポイント

- ハイポストでボールを持たせない
- ハイポストで持たれたら、インサイドに振り向かせない
- ローポストプレーヤーの進入を、体を使って阻止する

戦術のポイントをオンザコートで解説

ハイポストでボールを受けさせない

ハイロープレーを阻止するためには、まずハイポストでボールを受けさせないようにすることが第一です。「ボール・ユウ・マン」の原則に則ったポジションに立っていれば、ハイポストに移動しようとするプレーヤーの先に立てるので、動きを止めることができます。

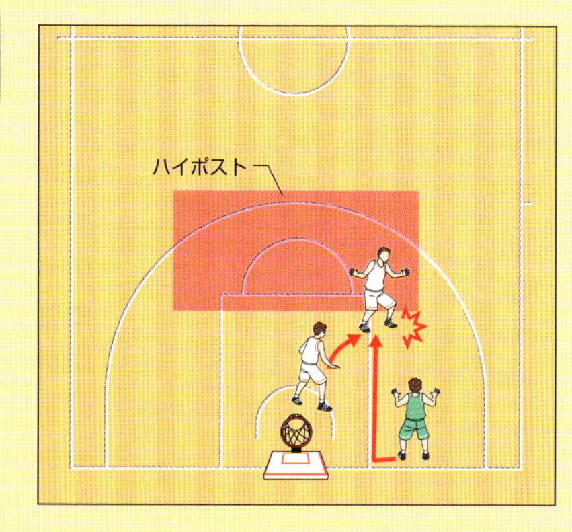

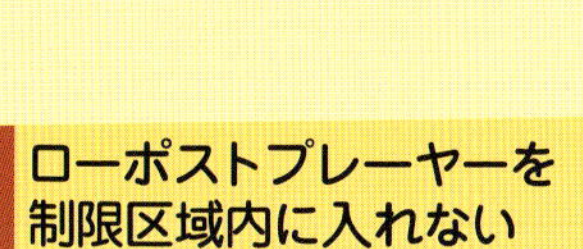

ローポストプレーヤーを制限区域内に入れない

制限区域内に入ってくる動きを体の前面で阻止しようとしても、ズルズルとポジションを取られてしまうことがあります。そのときはローポストプレーヤーに対して体を横に向けて踏ん張るようにして、相手の動きを止めます。相手の押し込みに負けないように、しっかりとしたスタンスで構えましょう。

インサイドプレーヤーのポイント

ブラッドエリアでは体の接触を嫌がらない

相手のローポストプレーヤーに対しては、体を張って動きを封じ、インサイドに入らせないようにします。バスケットボールでは体の接触が禁止されていますが、ゴール付近は別名「ブラッドエリア（血のエリア）」とも呼ばれていて、どうしても体の接触が生じる場所です。ハイロープレーを守るには、体の接触を嫌がらない気構えが必要です。

アウトサイドプレーヤーのポイント

自分の背後にパスをさせない

ハイロープレーを守る第一のポイントは、ハイポストでボールを受けさせないことです。そのために、アウトサイドプレーヤーは、インサイドへのパスをできるだけ邪魔する必要があります。ボールマンを相手にディフェンスするときは、ハンズアップなどを多用して、自分の背後に簡単にパスをさせないことが鉄則です。

グループ戦術｜ディフェンス

04 パス&ランを抑えるディフェンスの手順

オフェンスの最も簡単なコンビネーションプレーであるパス&ラン。このプレーを阻止するために覚えておきたい考え方を紹介しよう。

パス＆ランを止めるために大切なのは、パスが出されたと同時にディフェンス全員がボール方向に移動することです。この動きを「ジャンプ・トウ・ザ・ボール」と呼びます。このとき、ボールがレシーバーの手に渡ってから動くようでは間に合いません。ボールがパッサーの手から離れたと同時に移動し、ボールが空中にある間に、「ボール・ユウ・マン」のポジションを取るようにします。１～２歩ボールとゴール方向に動いてポジションを取ります。

それでも走り込もうとしてきたら、体の正面で相手を受け止め、移動を阻止します。これを「チェック・ザ・カッター」と呼びます。フロントカットを止められた相手は、次にバックカットを狙ってくるので、ディナイディフェンスでついていきます。このときボールマンに対するプレッシャーが弱いと簡単にバックカットをしたプレーヤーにパスを通されてしまうので、ボールマンのディフェンダーは常に手のひらをボールにかざすようにして守ります（トレース・ザ・ボール）。また、全員がパスされたと同時にジャンプ・トウ・ザ・ボールを行っていれば、そのパスはボールから遠い位置にいるディフェンダーが、タイミングよく飛び出せばインターセプトできます。

日高先生の うまくなる！ 強くなる！ 3つのポイント

- ジャンプ・トウ・ザ・ボールで素早く移動する
- 走り込む相手を体で受け止め、動きを止める
- 手のひらをボールにかざして、パスを出させないようにする

戦術のポイントをオンザコートで解説

ジャンプ・トウ・ザ・ボールでフロントカットを止める

ボールがパスされたと同時に、ボール方向に素早く移動します。このとき1～2歩ボールとゴール方向に移動します。素早く、的確なポジションを取れば、相手のフロントカットを阻止できるので守りやすくなります。

キープ・ザ・ミドル（サッギング・ディフェンス）

フロントカットができないとき、相手はバックカットで裏を突いてきます（❶）。このときボールマンに対するプレッシャーと、ヘルプサイドのディフェンダーがコート中央に位置する「キープ・ザ・ミドル（サッギング・ディフェンス）」を行って守ります（❷）。

インサイドプレーヤーのポイント
いつでもヘルプに行けるように

ゴール近くにいるインサイドプレーヤーは、オフェンスプレーヤーがパス＆ランでゴール下にカットしてきたら、自分がマークしているプレーヤーから離れて、ヘルプに行かなければいけません。視野を広く保って、オフェンスプレーヤーの動きとボールの位置を常にチェックしておきましょう。

アウトサイドプレーヤーのポイント
相手の動きを受け止めてフロントカットを許さない

ディフェンダーは、基本的にフロントカットを許してはいけません。相手がフロントカットを狙ってきたら、走り込んでくるコースに立ちはだかり、相手の動きを体で受け止めて、移動を阻止します。このとき、両足のスタンスを広く取り、交差させた両腕を胸の前から離さないようにしてどっしり構え、相手とぶつかったときの衝撃に備えます。

05 ショー・バックでピック&ロールを止める

ピック＆ロールの攻撃を防ぐには、チームメイトとの協力が必要不可欠。オフェンスの動きをうまく制御すれば、相手にシュートチャンスは訪れない。

ウイングでセットされたピック＆ロールに対する守り方を説明します。いくつかの方法がありますが､スイッチをせず､マークする相手を変えないやり方を説明しましょう。

エンドライン方向を抜かれるとシュートに持ち込まれる危険性が高いので、ディフェンダーはドリブラーをスクリーナーの方に向かわせるようにします。ディフェンダーは、ドリブラーに密着して守り、スクリーンをファイトオーバーで擦り抜けるようにします。スクリーナーのディフェンダーは、スクリーナーから離れすぎないようにしながらドリブラーのコースに立ちはだかって直進を止め、ドリブラーが外側にふくらむ動きをしたらゴール方向に下がり、ドリブラーのディフェンダーのためのコースを空けます。これを「ショー・バック」といいます。ショー・バックの後は、それぞれがもともとマークしていたプレーヤーのディフェンスにつきます。

スクリーナーがロールをしてゴール方向に向かい、ショー・バックをしたディフェンダーがマークに戻る前にドリブラーにパスを通されたら、ヘルプサイドにいるディフェンダーが素早くヘルプして守ります。このプレーに対しては、2人のディフェンダーだけでは守り切れません。

日高先生の うまくなる！ 強くなる！ 3つのポイント

- ドリブラーにはファイトオーバーでついていく
- ショー・バックでドリブラーの動きを止め、味方にスペースを作る
- ヘルプサイドのディフェンダーは、ヘルプに備える

戦術のポイントをオンザコートで解説

ドリブラーは ファイトオーバーで守る

ディフェンダーは、ドリブラーをスクリーンの方向に行かせるようにします。ドリブラーのディフェンダーは、ドリブラーの体の横に張りつくようにして、スクリーナーのセンターライン側を通り抜けます。このときスクリーナー側の手と足をスクリーナーにこすりつけるようにして移動コースを確保します。

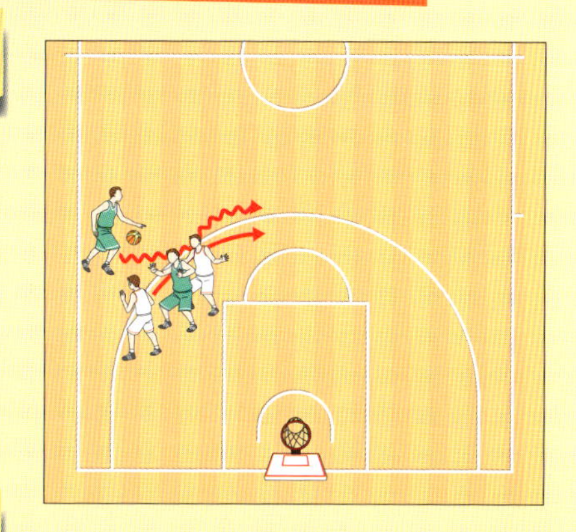

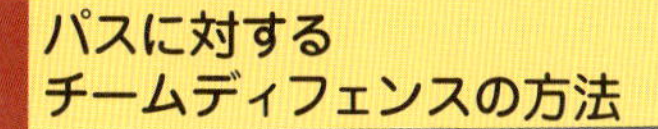

パスに対する チームディフェンスの方法

ピック&ロールからパスが出されたときは、チームディフェンスで対処することが大切です。スクリーンの後、ロールしたプレーヤー（❶）にパスを出されたら（❷）、ヘルプサイドのディフェンダーがヘルプをして（❸）、ほかはローテーションをします（❹）。ただし、ドリブラーからヘルプサイドにボールが渡れば、マークはそのままです。

インサイド プレーヤーのポイント スクリーナーから 手を離さない意識で

3ポイントラインの内側でピック&ロールを仕掛けられたとき、スクリーナーのディフェンダーはショー・バックを行いますが、そのとき、スクリーナーから離れすぎてはいけません。「スクリーナーから手を離さない」という意識で行うといいでしょう。ショー・バックの動きは、ダウンスクリーンでのカールカットを守るときにも応用できます。

アウトサイド プレーヤーのポイント 3ポイントライン外側では スライドスルーで守る

3ポイントラインの外側でピック&ロールが行われた場合、ドリブラーのディフェンダーは、スクリーナーよりもゴール側（スクリーナーとスクリーナーのディフェンダーの間）を通ってスクリーンをかわす「スライドスルー」でディフェンスをします。ドリブルから素早く3ポイントシュートを打って決めるのは難しいので、無理にファイトオーバーで守る必要はありません。

グループ戦術｜ディフェンス

06 スクリーンにトレイルで対処する

「ファイトオーバー」や「スライドスルー」のほかにもあるスクリーンのかわし方。「トレイル」で味方と協力しながら、相手の攻撃を封じよう。

スクリーンプレーとは、オフェンスがチームメイトをマークするディフェンダーの移動を遮ることによって、チームメイトもしくは自らをフリーにしようとするプレーです。このプレーへの対応のポイントは、いかにそのスクリーンを擦り抜けるかです。ダウンスクリーンを例にして先に述べたように、ファイトオーバーで擦り抜ける方法が、スクリーンを利用するユーザーにボールを受けさせない、攻撃的な守り方です。しかし、スクリーナーに対して身体接触をすることなく擦り抜けることを優先するなら、ユーザーの後ろからついていけばいいのです。スクリーナーをかわすとき、できるだけ最短距離を移動しなければいけませんが、これならスクリーナーに引っ掛かる確率が低いので安全です。「トレイル」と呼ばれるこの動き方だと、ユーザーにボールを受けられるかもしれませんが、確実にユーザーのすぐ後ろを追いかけられるので、その後の攻撃にも対応できます。ユーザーにボールが渡ったとしても、ボールをキャッチしたときにユーザーの体勢は、ゴールに対して後ろ向きであることがほとんどなので、ディフェンスは十分対応できるはずです。もちろんユーザーは、ディフェンダーにトレイルで対応されたときにはスクリーナーの体に巻きつくように移動するカールカットをしてくるので、スクリーナーのディフェンダーと協力してその攻撃を守ります。

日高先生の うまくなる! 強くなる! 3つのポイント

- ユーザーの後方から追いかけるトレイルで対応する
- スクリーナーをかわすときは最短距離を移動する
- スクリーナーのディフェンダーの協力は不可欠

戦術のポイントをオンザコートで解説

安全にスクリーンをかわせるトレイル

ユーザーとスクリーナーの間に無理に体を差し込んでファイトオーバーを試みるのではなく、ユーザーの後方からついていくようにしてスクリーンをかわします。スクリーナーの体をかわすときは、最短距離を移動するように足を運びます（下記参照）。

最短距離で移動するための足の運び方

トレイルでスクリーナーをかわすときの足の運び方は、練習しないと身につきません。まず、アウトサイド側の足をスクリーナーの横に一歩踏み出して置き（❶）、次にインサイド側の足をスクリーナーの体の後ろ側に置いて（❷）、スクリーンをかわします。

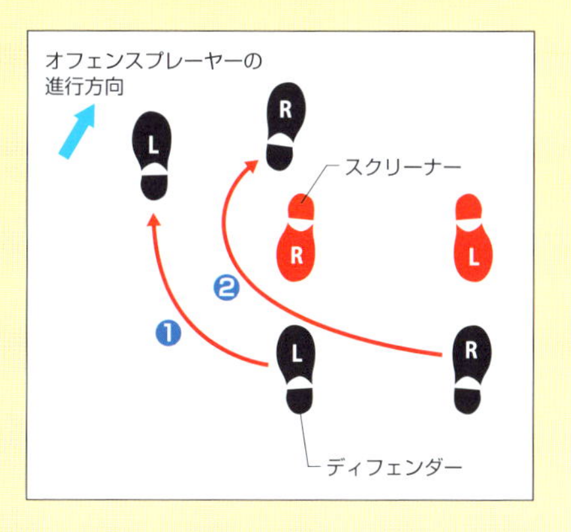

カールカットへの対応はヘルプディフェンスで

ユーザーは後方からトレイルで対応されたら、スクリーナーの体に巻きつくようなカールカットを狙ってきます（❶）。そうしたら、スクリーナーのディフェンダーは、ショーディフェンスの要領でポジションを少し移動し、インサイドへの進入を阻止します（❷）。

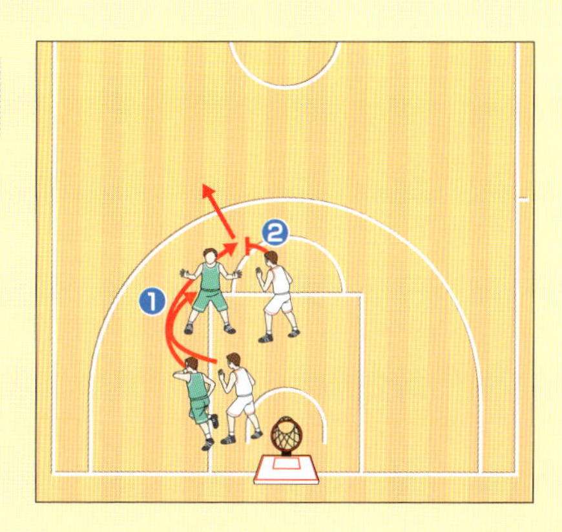

07 クロススクリーンの攻撃を抑える方法

ゴール付近からの得点を防ぐには、クロススクリーンへの対応が欠かせない。そのためには、チームメイトとディフェンスのルールを決めておこう。

コートを左右に横断するように仕掛けるスクリーン（クロススクリーン）は、２人の長身者によってゴール付近でのチャンスメイクのためによく行われるプレーです。単純な動きですが、対応策を身につけておかないと、ゴール下で簡単にボールを持たれて得点されてしまいます。守り方はいくつかありますが、ここでは最も簡単な対応の仕方である「スイッチロー・ステイハイ」について説明します。

ユーザーのディフェンダーは、ユーザーをなるべくフリースローライン方向、すなわちハイポストに移動させるようにディフェンスポジションを取ります。スクリーンを使ってユーザーがハイポストに移動したら、マークする相手を代えることなく（スイッチせずに）そのままついていきます。しかし、もしユーザーの動きをコントロールできずにエンドライン側への移動を許したら、スクリーナーのディフェンダーがユーザーに体を当てて動きを止め、スイッチしてそのままマークにつきます。つまり、エンドラインに向かってローサイドに移動してきたらスイッチ、ハイサイドに移動したらそのまま守る（ステイ）わけです。

スイッチしたとき、一瞬、スクリーナーがディフェンダーの内側（ゴール側）のポジションを占めることになるので、ユーザーをマークしていたディフェンダーの素早い対応が求められます。

日髙先生の うまくなる！ 強くなる！ 3つのポイント

- 「スイッチロー・ステイハイ」を徹底して守る
- ユーザーはハイポストに移動させるようにする
- スイッチしたときは、スクリーナーへの対応を素早く行う

戦術のポイントをオンザコートで解説

ハイポストへの移動はマークを代えずそのまま

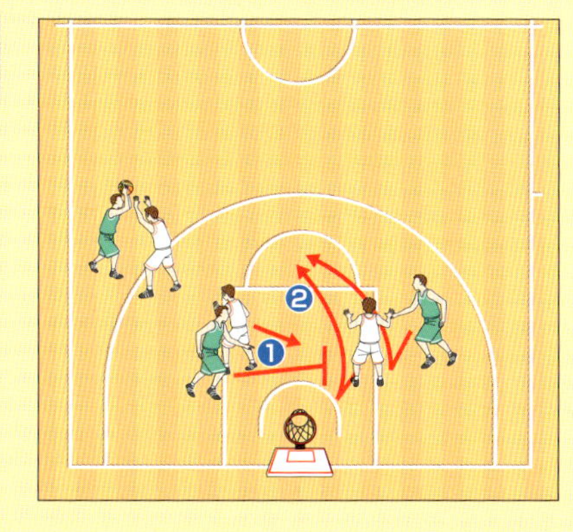

ユーザーがハイポストに移動したときは、ディフェンダーはマークを変えず、そのままついていきます（❷）。ハイポストでボールを受けられるとハイロープレーに展開される危険があるので、ボールを受けさせないようにユーザーに密着しながら移動します。

エンドライン側を破られたらスイッチ

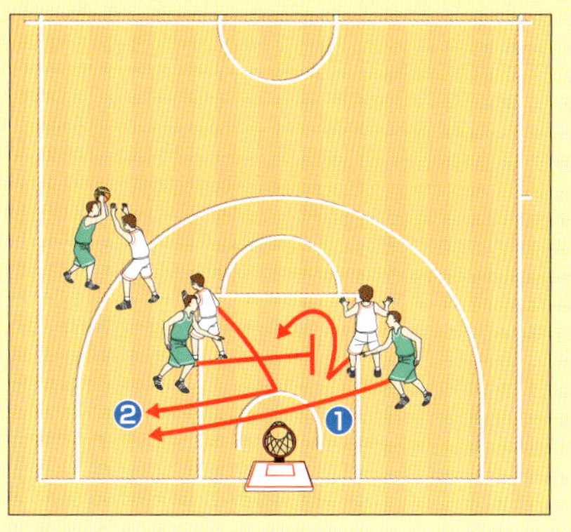

ユーザーのディフェンダーは、ユーザーをハイポスト方向に移動させるように守らなければいけません。それでもエンドライン側を破られたら（❶）、スクリーナーのディフェンダーが上体でユーザーの動きを受け止め、そのままマークをスイッチしてユーザーの動きについていきます（❷）。

インサイドプレーヤーのポイント

フロントターンを使ってボール側に素早く移動

スイッチしたとき、一瞬、スクリーナーがゴール側のポジションを取ることになります。ユーザーのディフェンダーは、180～360度のフロントターンを行って、スクリーナーよりもゴール側の位置に素早く移動しなければなりません。難しい動きなので、よく練習しましょう。

アウトサイドプレーヤーのポイント

プレッシャーをかけて相手の視線を断ち切る

ボールマンのディフェンダーは、インサイドに簡単にパスを入れられないようにプレッシャーをかけなければいけません。インサイドへのパスを入れにくくするポイントは、ボールマンの遠くへの視線を断ち切るようにディフェンスをすることです。ボールマンとの距離を空けずに、体と手を使って視線を遮り、パスコースを潰しましょう。

Column 4

パフォーマンスを左右する「プライド」と「責任感」

「体格」「体力」「運動能力」が優れていても、やる気がなければ宝の持ち腐れ。健全な精神が、技術と体力を支えることを忘れてはいけない。

バスケットボールをプレーするうえで必要な身体的な要素（武器）は、「体格」「体力」「運動能力」です。体格とは、身長と手足の長さ、すなわち体の縦と横の大きさを意味しています。体力とは、筋力や筋の太さ、すなわち重量（体重）のことです。そして運動能力は、ジャンプ力や移動の速さや動作の素早さを意味しています。

これら3つの武器は、ディフェンスをするうえで大きな力になります。体が大きくて手足が長く、運動能力が優れていれば、それだけでアウトサイドのオフェンスプレーヤーに対して有利であるといえるでしょう。また、インサイドでは、身体の接触が頻繁に生じるので、それに耐えられるだけの筋力と筋の太さ、つまり体重が求められます。筋力と体重が相手よりも劣っていると、ゴール近くのポジション取りで不利になり、相手に簡単に得点を奪われてしまいかねません。

しかし、それらの身体的な武器がいくら優れていても、使い方が悪ければ、宝の持ち腐れになってしまいます。

パフォーマンスを左右するものとして、よくポイントに上げられるのが「心・技・体」です。武士道に根を持つこの考え方は、現代のスポーツにも十分、通用します。「心・技・体」の考え方を簡単に言うと、「心」が「技」と「体」をコントロールするというものです。どの場面で、どんなタイミングで「技」「体」の力を発揮できるかは、「心」次第なのです。やる気をなくしたプレーヤーは、試合に出ても自分の体力や技術を発揮しようとはしませんし、燃え尽きて試合にも出ることができないプレーヤーは、そもそも身につけた「技」「体」を使うことができません。「心」が「技」と「体」の使い方を決定づけるのです。

では、「心」とは一体、何でしょうか。バスケットボールでいえば、それは「プライド」と「責任感」だと思います。例えば、相手に絶対に得点を許さないという「プライド」と「責任感」。与えられた役割を、何としてでも果たすという「プライド」と「責任感」です。この「プライド」と「責任感」に支えられてはじめて、「技」と「体」は適切に使われます。そして、もしその使われ方が、組織化された戦術や戦略に則り、大局的見地に立って使われることになれば、その効果は最大限に大きくなるはずです。

普段の練習では、身体的な武器だけを強化するのではなく、それらを発揮するために不可欠な心を磨くことも忘れないようにしましょう。

CHAPTER 5

チーム戦術

オフェンス

OFFENSE

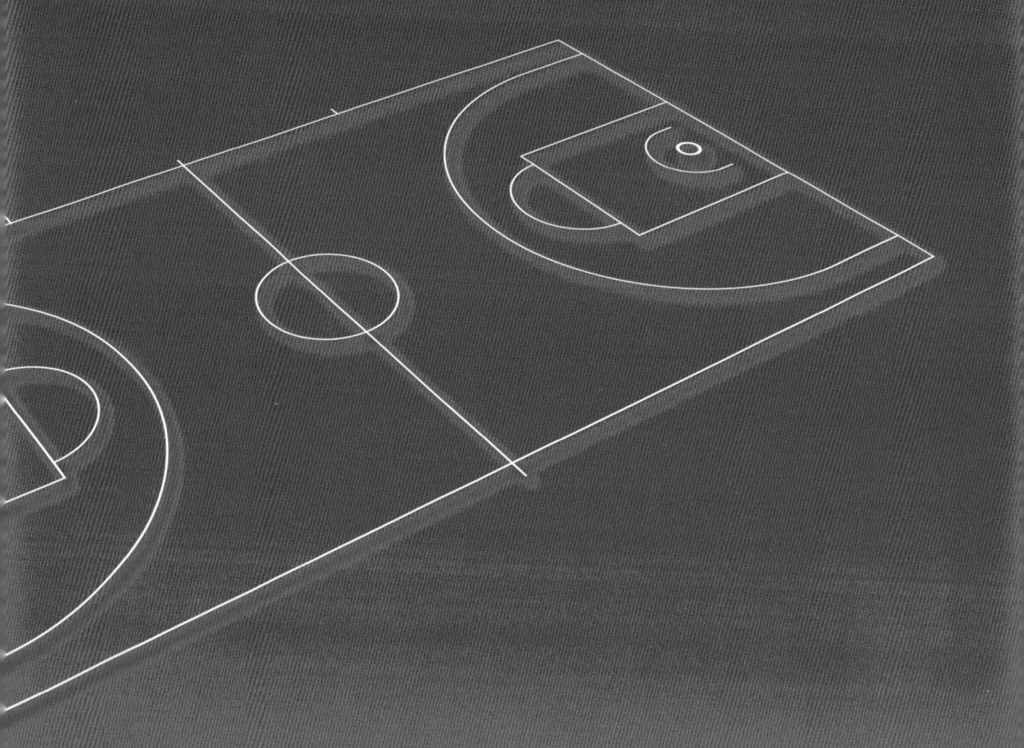

チーム戦術｜オフェンス

01 守っているときが得点の最大のチャンスだと知る

相手のディフェンスが整う前に攻めること（速攻）ができれば、チームの得点力は格段に伸びる。

バスケットボールでは、守っているときが得点を狙える最大のチャンスです。なぜならこのとき、相手のゴールを守っている人は一人もいないからです。自分たちのボールになった瞬間に、誰もいない相手ゴールに素早く攻め込むことができれば、簡単に得点できます。これが速攻（ファーストブレイク）です。

速攻は４つの局面に分けられます。リバウンド、アウトレットパス、アップコートパス（前進）、リバース（展開）です。「リバウンド」を取ったら、サイドライン際にできるだけ素早く「アウトレットパス」を出します。フリースローラインの延長線上が目安です。「アップコートパス」の局面では、サイドライン沿いに縦パス、もしくはドリブルでボールを前進させる（側線速攻）、あるいは３レーン（P.107参照）を使って、パスを交換する、もしくはミドルレーンをドリブルで前進する（３線速攻）などがあります。このときスピーディーにボールを進め、まずはレイアップシュートやゴール下のシュートを狙います。それらのシュートに持ち込めなかったら、ボールをアウトサイドからインサイド、もしくは左右のウイングやコーナーに展開して（リバース）シュートチャンスを探します。相手のチームディフェンスが形成される前にシュートに持ち込むことが目標です。

日高先生のうまくなる！強くなる！3つのポイント

- ディフェンスリバウンドを確実に確保する
- 正確なアウトレットパスを出して、素早くボールを運ぶ
- 相手のディフェンスが形成される前にシュートに持ち込む

戦術のポイントをオンザコートで解説

リバウンドを取ったら素早くアウトレットパス

リバウンドを取ったら、アウトサイドフット（サイドライン側の足）を軸足にして、サイドライン側に体の正面を向けるようにフロントターンをします。そして、リバウンダーが体の正面を向けた方向のサイドライン際にレシーバー（主にポイントガード）が飛び出して（❶）アウトレットパス（❷）を受けます。このアウトレットパスが出るまでの時間が短いほど、速攻で得点できる確率は高くなります。

もちろん、リバウンドのボールを空中で取ったり、空中で取ったボールを着地する前にアウトレットパスにつなげられれば、さらにチャンスは広がります。

レシーバーはサイドライン際で、ミドル側を向いてボールを受け、コート全体を見渡します。ノーマークで先頭を走る味方がいれば、素早くロングパスを出して得点を狙わせます（❸）。

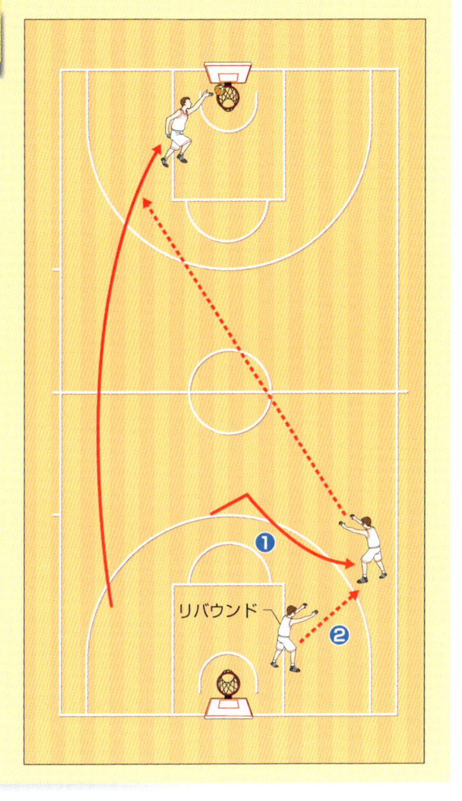

インサイドプレーヤーのポイント
速攻のカギはリバウンド初動の素早さが大切

速攻のカギはリバウンドです。ディフェンスリバウンドを確実に自分たちのボールにできるという確信があれば、シュートを打たれた瞬間に速攻の体勢に移りましょう。自分たちのボールになった次の瞬間の１つ目、２つ目のプレーで、相手の先を行くことが大切です。この初動の素早さがイージーレイアップシュートにつながるのです。

アウトサイドプレーヤーのポイント
インターセプトは速攻につなげるチャンス

相手のボールをインターセプトしたときは、速攻のチャンスです。インターセプトしたときは、１人でボールを運ぶより、どこでもいいので、素早く１～２回パスをして、ボールを展開させるといいでしょう。なぜなら、それによってボールに視線を向けなければいけないディフェンダーは、オフェンスプレーヤーの動きを捉えにくくなるからです。

チーム戦術｜オフェンス

02 得点につながる速攻の作り方

ボールをやみくもにフロントコートに進めても、偶然のチャンスしか期待できない。速攻であっても意図的にチャンスを作ることが重要だ。

速攻は3－2のゾーンディフェンスから発生したもので、基本の3レーンの速攻（3線速攻）はそこに起源があるといわれています。

3線速攻では、中央のミドルレーンと2つのウイングレーンの3つのレーン（右ページ参照）を3人のプレーヤーが走ってボールを進めます。それによってアウトナンバーの状況を作り、フリーのプレーヤーにシュートを打たせます。ミドルレーンは最もボールハンドリングの優れたポイントガード（PG）が、ウイングレーンはシューティングガード（SG）とフォワード（F）が走ります。まずはこの形を作るように工夫しましょう。

そして、ボールをフロントコートに進めたとき、3対2の状況ならPGは3ポイントラインからエルボーに向かってドリブルします。これをオフバランスと呼びます。PGと片方のウイングレーンを走る味方とで2対1の局面を作ってアタックします。PGはディフェンダーが対応してきたらパス、対応しなかったらドリブルで攻めます。コートを縦に2分割して左右どちらのサイドがアウトナンバーになっているかを確認します。もしボールサイドが2対2なら、反対のサイドが1対0なのでパスを出し、2対1ならそのまま攻めてレイアップシュートを狙います。

日高先生の うまくなる！ 強くなる！ 3つのポイント

- 3つのレーンを走ってアウトナンバーを作る
- 2対1の局面を作って攻める
- 素早い判断でレイアップシュートにつなげる

戦術のポイントをオンザコートで解説

速攻で走る5つのコース

ディフェンダーが２人以上戻れる状況にあるときは、オフェンスは３人が３つのレーン、すなわちミドルレーン（❶）と２つのウイングレーン（❷❸）を使って攻め上がります。ディフェンダーが１人の場合は、２人で攻め上がります。そのときは両サイドのエルボーを結ぶエルボーレーン（❹❺）を走ると、２対１を効果的に攻めることができます。

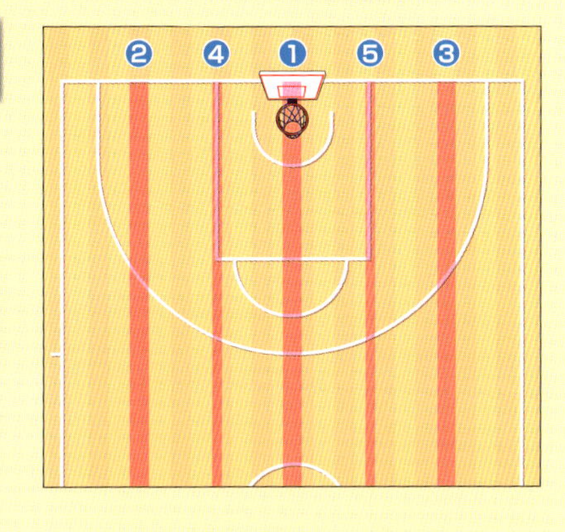

2対1はパスで攻める

２対１の場合は、エルボーレーンを使って攻めます。オフェンスが２人、平行に並んで前進しているときはパスで攻めましょう。空中でボールを受け、着地するまでの間にディフェンダーの様子を見て、次のプレーを判断します。ディフェンダーがレシーバーに働きかける動きをしたら（❶）、ボールマンはドリブルでシュートに向かいましょう（❷）。

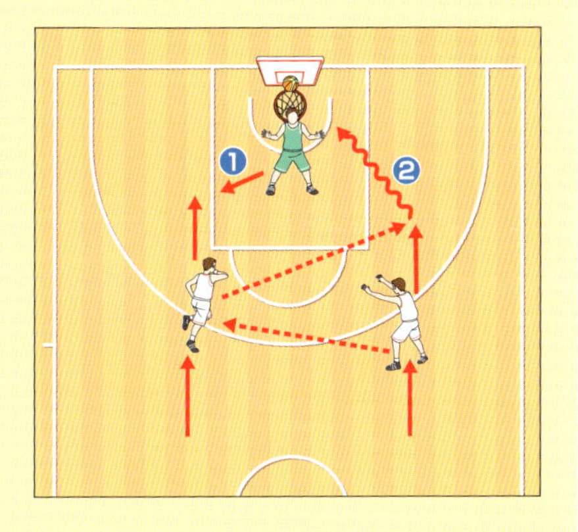

3対2を攻め切るポイント

３対２になった場合、ミドルレーンのドリブラーは左右どちらかのエルボーレーンにドリブルを仕掛けます。このときディフェンスの態勢を確認し、ボールサイドにディフェンダーが１人いれば、その１人をオフェンス２人で攻めます。３対２を攻めるコツは、２対１の局面を作ることだと覚えておきましょう。

チーム戦術｜オフェンス

03 セカンダリーブレイクで得点する方法

ファーストブレイクでシュートに持ち込めなくてもあきらめてはいけない。相手が油断するタイミングを逃さず、セカンダリーブレイクを仕掛けよう。

速攻（ファーストブレイク）でシュートチャンスがなかったときは、セカンダリーブレイクでシュートチャンスを狙います。

セカンダリーブレイクとは、ディフェンスの戻りが早く、ファーストブレイクでシュートに持ち込むことができなかったときに、遅れて走ってくるオフェンスプレーヤー（トレーラー）の攻撃参加を生かして、早いタイミングでシュートに持ち込むプレーです。

セカンダリーブレイクの攻め方には様々な方法がありますが、よくあるのは、ファーストブレイクで3対3の状況になって攻め切れず、4人目のトレーラーを使ってシュートに持ち込むケースです。

トレーラーは、どちらかのエルボーレーンを走って攻撃に参加するようにします。そこから、ローポストに走り込んでパスを受けたり、3ポイントシュートを打ったりして得点を狙います。

ディフェンスは、ファーストブレイクを阻止した後、安心して油断してしまうものです。オフェンスはそのチャンスを逃さず、セカンダリーブレイクを仕掛けましょう。

- トレーラーを利用して、早いタイミングで攻める
- トレーラーはエルボーレーンを走る
- 狙いどころは、ローポストと3ポイントシュート

戦術のポイントをオンザコートで解説

トレーラーがローポストで得点を狙うパターン

ウイングにボールが移動した（❶）タイミングでローポストエリアにトレーラーが飛び込んでボールを受け（❷）、シュートを狙うプレーです。トレーラーはこのポジションでボールを受けたら、慌ててシュートする必要はありません。じっくり攻め、シュートチャンスを探します。もちろんここからアウトサイドにボールを展開しても、チャンスは広がります。

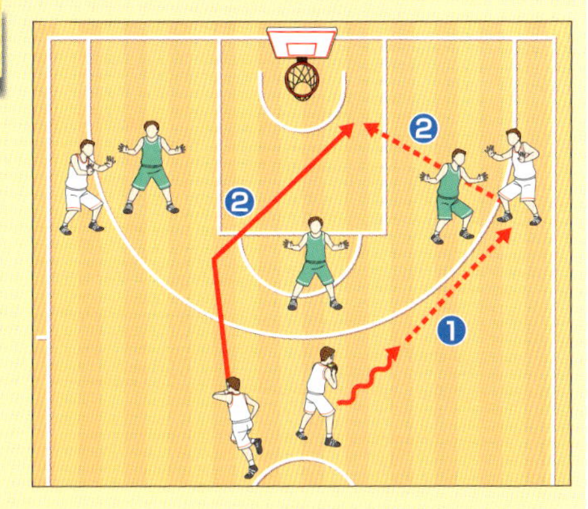

トレーラーが3ポイントシュートを狙うパターン

トレーラーがタイミングを計って空いたスペースに走り込んでボールを受け、3ポイントシュートを狙うプレーです。トレーラーは、アウトサイドにチャンスがあることを確かめながら、走るスピードをコントロールし（❶）、ボールを受けて（❷）シュートを狙います。

ボールを展開し、シュートチャンスを作り出す

一度、右サイドを攻めたうえでボールを逆サイドに展開し、スクリーンなどを交じえて攻めてみましょう。ディフェンスの態勢が十分に整っていないことも多く、あちこちにシュートチャンスを見つけることができるでしょう。図では、5人目のトレーラーを経由してスクリーンを使ったプレーヤーにパスが渡るプレーを表しています。

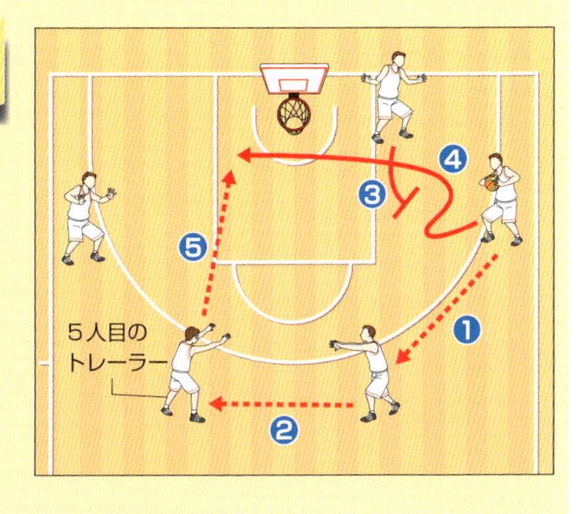

チーム戦術｜オフェンス

04 攻撃の糸口を見つける方法を知る

セットオフェンスでパスはよく回るのにうまく攻められないことがある。ここでは、攻撃の糸口を見つけるために大切なエントリーを学ぶ。

パスは回っているのになかなか攻撃の糸口を見つけられないことがあります。そのようなときは、エントリーの重要性を見直す必要があります。

オフェンスはフリースローラインの延長線と３ポイントラインが交わるエリア（ウイング）にボールが移動することで展開し始めます。ここにボールが入ると得点につながりやすいローポストでのプレーを使えますし、またトップにいるディフェンダーがヘルプに備えてゴール寄りに動くので、そこにボールを戻して逆サイドのウイングに展開するのも難しくありません。

また、ハイポストにボールを入れても攻撃は展開できます。ここにボールが入ると、ハイロープレーのチャンスが生まれますし、両コーナーや両ウイングにもパスすることができるので、多彩な攻撃につながります。

このようにボールをフロントコートに進めてきたときに、ウイングやハイポストにパスもしくはドリブルでボールを入れることを「エントリー」と呼びます。これらのエリアでボールを受けたらゴールに向く（フェイスアップ）ようにします。そうするとディフェンスがゴール側に収縮するので、よりラクにボールを展開することができます。

日高先生の うまくなる！ 強くなる！ 3つのポイント

- ウイングにボールを入れて、攻撃を展開する
- ハイポストにボールを入れて、攻撃を展開する
- ボールを受けたらゴールに向き、ディフェンスを収縮させる

戦術のポイントをオンザコートで解説

ウイングエントリー＆ハイポストエントリー

ウイングでボールを受けたいときによく使われるのが、ローポストポジションに2人の選手が並び、センターのスクリーンを利用して、フォワードのプレーヤーがウイングでボールを受けるウイングエントリーです。ハイポストのエリアを使うときは、Vカットの動きでエンドライン側からハイポストに飛び出してボールを受けます。

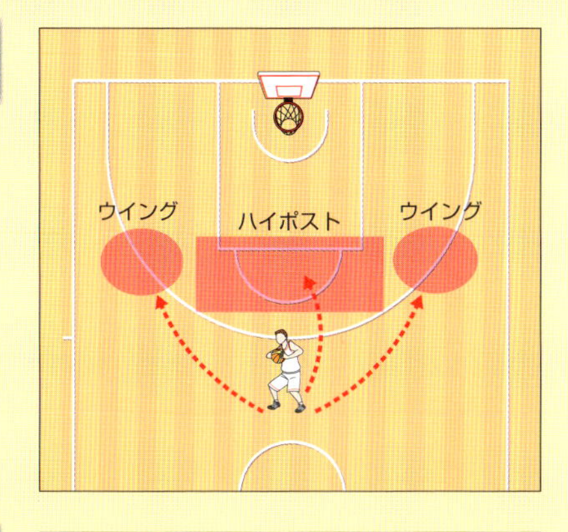

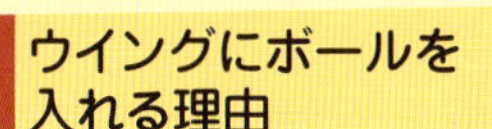

ウイングにボールを入れる理由

ウイングにボールが入ると、ローポストにボールを入れることができます（❶）。また、ディフェンダーはボールサイドとゴール方向に寄って守ろうとするので、トップを経由して、逆サイドにボールを展開しやすくなります（❷）。ウイングは、キャッチ＆シュートやドライブで攻めやすいエリアであることもメリットです。

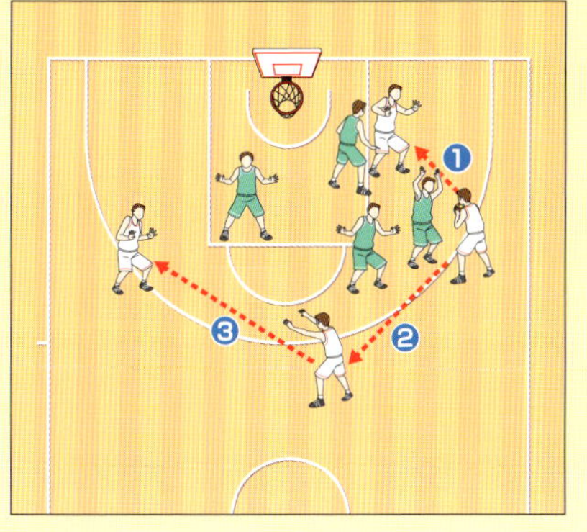

インサイドプレーヤーのポイント
ウイングやハイポストにボールを入れて攻撃

オフェンスは、ウイング、もしくはハイポストにボールを入れるような、チームとしてのエントリーフォーメーションを準備しておくことが大切です。ウイングやハイポストにボールが入ると、その後のチームオフェンスがしやすくなります。ボールを様々なエリアに展開できるので、多彩な攻撃ができるのです。

アウトサイドプレーヤーのポイント
シャローカットでウイングエントリー

ディフェンス力の高いチームとの対戦では、ウイングやハイポストに簡単にパスを通せなくなります。トップからウイングにパスを入れられないときは、ドリブルでウイングのポジションに移動します。その動きに対して、ウイングにいるプレーヤーは入れ替わるように動いてポジションをチェンジします。

05 プレーヤー同士の距離感でチャンスを広げる

インサイドにパスが入らない。ドライブしてもヘルプに止められてしまう。何度やってもうまくいかないときは、プレーヤー間の距離を見直してみよう。

「スペース」、もしくは「スペーシング」という言葉はオフェンスにおけるキーワードです。これらはつまり、プレーヤー同士の距離のことです。近すぎるのは絶対に避けなければいけませんが、遠すぎてもよくありません。

アウトサイドでプレーする場合、プレーヤー同士の適切な距離は 4.5 ～ 6 m です。これより近いとパスやドリブルは難しくなります。また、これ以上離れると、パスしたボールの滞空時間が長くなり、インターセプトされる危険性が高まります。近づいたら離れ、離れすぎたら近づくようにして一定の距離を保ちましょう。フリースローラインが 4.9m、エンドラインからフリースローラインまでが 5.8m です。これを目安にスペーシングを考えるとよいでしょう。ただし、アウトサイドプレーヤーとインサイドプレーヤーの距離は、2.5 ～ 3 m が適切な距離です。

カットやスクリーンで瞬間的に距離が近くなるのは仕方ありません。適切な距離を取って十分なスペースを確保することで、お互いのプレーがスムーズにできるのです。よいスペーシングを作り出そうとするとき、まずはコート上のポジションを覚えるといいでしょう。ガードポジションを高めにすることがポイントです。

- アウトサイドではお互いに 4.5 ～6m 離れる
- インサイドプレーヤーとの距離は 2.5 ～3m にする
- コート上のポジションを覚える

戦術のポイントをオンザコートで解説

スペーシングと、コート上のポジション

アウトサイドプレーヤー同士の距離は4.5～6mを保ちましょう。ボールマンがドリブルで近づいてきたり、カットやスクリーンプレーで近づいてきたときも、速やかに離れるようにしましょう。

これらのスペーシングを身につけるためには、コート上のポジションを覚えておく必要があります。1ガードポジションの場合は、ゴール正面がガードポジションになり、フリースローラインの延長線上がウイング、エンドラインとサイドラインからそれぞれ1～2mのところがコーナーです。2ガードポジションの場合は、フリースローラインの両端とセンターラインを結んだ線の中点辺りが2ガードのポジションになります。

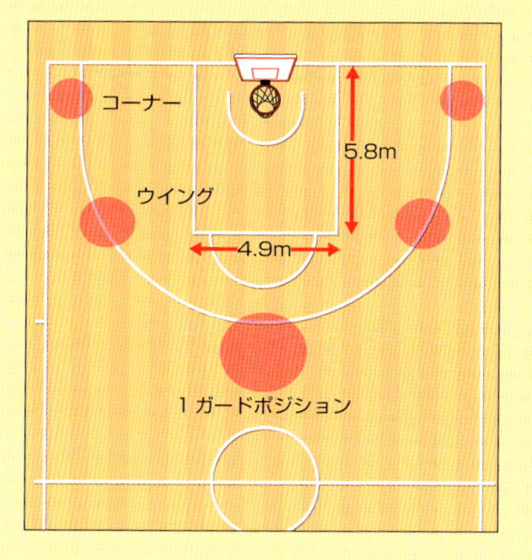

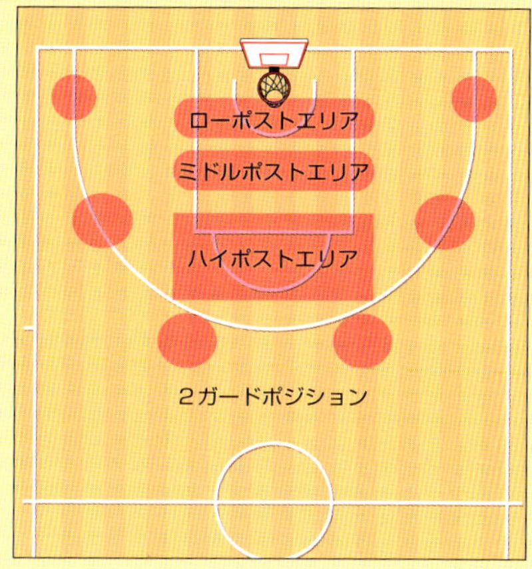

ガードのポジションはなるべく高い位置で

ガードポジションがゴール寄りになると、プレーヤー同士が4.5～6mの距離を取っても、ディフェンダーが制限区域に寄り集まることとなり、ディフェンス有利のスペーシングになってしまいます。ガードのポジションを高く保つことで、より攻撃しやすいスペースを生み出すことができるのです。

06 ボールを展開するメリットを知る

ボールの動きが止まるとオフェンスはうまく機能しない。ボールの展開の仕方を身につけて、オフェンスの流れをスムーズにしよう。

ボールが動き、人が動くとチームオフェンスはうまく機能します。ボールが1カ所に止まると、人の動きも止まってしまいます。チームオフェンスでは、ディフェンスを動かすことを考えなければいけません。ここではボールの効果的な展開の仕方を覚えましょう。

右サイドで2～3回パスを回したのにシュートチャンスがなかったら、そのサイドでそれ以上ボールを動かしてもチャンスはありません。相手のチームディフェンスを強固にするだけです。このようなときは、ボールを逆サイドに展開します。右サイドから左サイドにサイドチェンジすることによってチャンスが生まれる可能性があるのです。このサイドチェンジを行うときは「リバースパスエリア（右ページ参照）」を利用します。ここにボールが渡ると逆サイドにスムーズに展開できます。また、インサイドとアウトサイドのサイドチェンジ（インサイドアウト）も効果的です。インサイドはキーエリアとも呼ばれ、ここでの得点が勝敗の一因にもなりますが、ここから外にパスが出されると、ゴールに正対してパスを受けられるので容易にシュートができます。「ドライブ＆キック」が有効なのは、インサイドアウトと左右のサイドチェンジを合わせ持ったプレーだからです。

日高先生の うまくなる！ 強くなる！ 3つのポイント

- 同じサイドで2～3回パスを回したら、逆サイドに展開する
- ハイポストエリアを使って、サイドチェンジをする
- インサイドとアウトサイドのサイドチェンジを使う

戦術のポイントをオンザコートで解説

リバースパスエリアを使ったサイドチェンジ

同じサイドで2～3回パス交換が行われたのにシュートを打つチャンスがなかったら、リバースパスエリアにボールを入れます。このエリアにボールが入れば、ハイロープレーを狙うこと（❷）も、逆サイドに安全にボールを展開すること（❸）もできます。

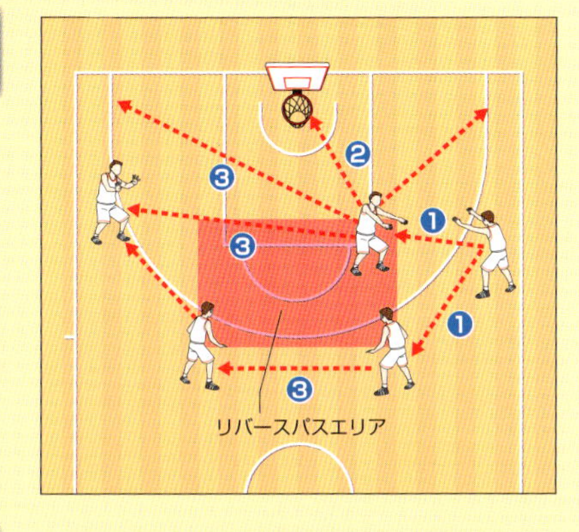

インサイドとアウトサイドのサイドチェンジ

インサイドにパスを入れると、ディフェンス側は制限区域内を固めようと収縮します。ここからアウトサイドに強いパスを出すと、シュートチャンスが生まれます。レシーバーはゴールに正対しているので、キャッチ&シュートやドライブからのジャンプシュート、もしくはレイアップシュートに持ち込みやすいのです。

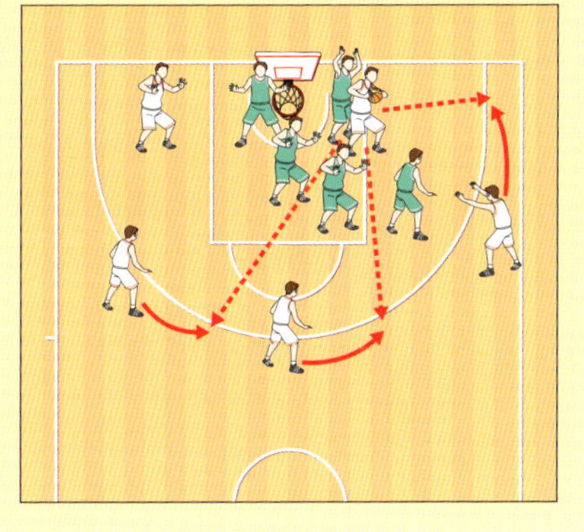

インサイド プレーヤーのポイント

ハイポストは攻撃の起点にする

ハイポストは、ローポストやコーナーなど、様々な場所にパスを出せるポジションです。逆サイドへのボールの展開もでき、さらにディフェンスを収縮させることもできるので、ここでボールを持たれるとディフェンスは守りにくくなります。ハイポストでボールを受けたプレーヤーは、それらのことを認識し、自分が攻撃の起点となる意識を持ってプレーしましょう。

アウトサイド プレーヤーのポイント

サイドチェンジを活用し相手を揺さぶる

サイドチェンジを何度か繰り返すと、ディフェンダーのマークに少しずつズレが生じます。そのようなサイドチェンジをした直後は、ドライブで攻めるチャンスです。ディフェンダーを揺さぶり、よりラクにシュートが打てるように、サイドチェンジをうまく使いこなしましょう。

チーム戦術｜オフェンス

07 ボール離れのよいプレーヤーになる

ボールをなかなか離さないプレーヤーがいる。なぜそれが悪いことなのか、その理由を知らないと、チームに悪影響を及ぼすことになる。

攻撃のときに大切なことは、ディフェンスを動かすことです。ディフェンスのポジションはオフェンスのポジションによって変わります。オフェンスの動きに応じて、ディフェンスはポジションを調整しなければなりません。それを繰り返すうちに適切なポジションから外れてしまい、オフェンスにシュートチャンスが生まれるのです。チームに１人でもボール離れが悪いプレーヤーがいると、それだけでチャンスが生まれる可能性が低くなるということを覚えておきましょう。

ここでは「２秒ルール」の採用を提案します。ボールは「２秒で爆発する爆弾」だと考え、２秒以上ボールを保持してはいけないことにするのです。ドリブルも２秒以上続けてはいけません。そうすればボールは次々とプレーヤーの手に渡り、チャンスを作り出すことができます。また、プレーヤー自身も２秒以上、同じところにとどまってはいけません。コートの下には地雷が埋まっており、２秒で爆発すると考えましょう。同じポジションで２秒間ボールを受けられなかった場合もカット、もしくはスクリーンに動きます。この２秒ルールは、チームオフェンスの基本である「ショットセレクション」、「スペーシング」、「サイドチェンジ」と一緒に機能させることで、さらにその威力を発揮します。

日高先生の うまくなる！ 強くなる！ 3つのポイント

- ディフェンスを動かして、守りの態勢を崩す
- 2秒以上、ボールや人を同じところにとどめない
- ボール離れが悪いことのデメリットをチームで共有する

戦術のポイントをオンザコートで解説

ボールを移動して ディフェンスを揺さぶる

ボールが移動すると、ディフェンダーはその位置に合わせてポジションを変えなければいけません。そうするとスタンスもビジョンも改めて調整しなければならなくなります。これを繰り返すと、どこかでディフェンダーのポジショニングにズレが生じて、攻撃のチャンスが生まれるのです。

オフェンスが動けば ディフェンスも動く

オフェンスが移動すると、ディフェンスも移動しなければいけません。当然、ポジションが変われば、ボールが移動するときと同じようにディフェンダーはスタンス、ビジョンを調整しなければならなくなります。このようにボールと人が動くことで、ディフェンスの態勢が崩れ、攻撃がしやすくなるのです。

インサイドプレーヤーのポイント チームオフェンスを支える確かな基本技術

2005 年にデトロイト・ピストンズを率いて NBA チャンピオンになったヘッドコーチ、ラリー・ブラウン氏は「share the ball（ボールを独占せず、全員の手に渡るようにしなさい）」と言っていました。それによって、攻撃がうまく機能することを説いたのです。インサイドプレーヤーも、パスやキャッチなどの確かな基本技術を習得し、それを実行しなければいけません。

アウトサイドプレーヤーのポイント タイプで異なる2秒間の使い方

２秒ルールといっても、パス＆ランが中心のオフェンスと、スクリーンが中心のオフェンスでは、ボールを保持する時間が変わります。パス＆ランが中心の場合はワンタッチの感覚でボールを離しますが、スクリーンが中心の場合は、２秒間はしっかりと保持した方がいいでしょう。すぐにボールを離してしまうと、スクリーンでできたノーマークを見逃してしまうからです。

08 パターンオフェンスとフリーオフェンスの使い分け

決められた動きをするパターンオフェンスと、状況に合わせて自由に動くフリーオフェンス。それぞれの長所と短所を知っておこう。

パターンオフェンスは、それぞれのプレーヤーの動き方を決めて、特定のプレーヤーのシュートチャンスを作るプレーのことです。一方、フリーオフェンスは、特に動きを決めることなく個々のプレーヤーの判断でプレーをつなぎ、チャンスを作り出すプレーのことです。

パターンオフェンスには、例えばフレックスオフェンスのように簡単な動き方を決め、サイドを換えても同じ攻めを繰り返すタイプのものと、１回限りの一連のプレーで特定のプレーヤーにシュートを打たせるタイプのものがあります。パターンオフェンスでは動き方とボールの移動の仕方が決められているので、その中で的確な判断が求められると同時に、決められたところにパスをつなげる基礎技術が不可欠です。相手も動きを察知してくる中で、ディフェンスのプレッシャーをはねのけてパスを通し、移動しなければならないのです。

フリーオフェンスでは、原則的に、その場の判断でどんなプレーも許されるので、初心者でも問題なくプレーできます。しかし、常に５人の意図をお互いに理解し合うのが難しいので、うまくシュートチャンスが作れないと、能力の優れたプレーヤーの１対１に頼りがちです。

日高先生の うまくなる！ 強くなる！ ３つのポイント

- 動き方とシューターを決めるパターンオフェンス
- パターンオフェンスでは確かな基礎技術が要求される
- その場の判断でプレーヤーが自由に動くフリーオフェンス

戦術のポイントをオンザコートで解説

同じ動きを繰り返す フレックスオフェンス

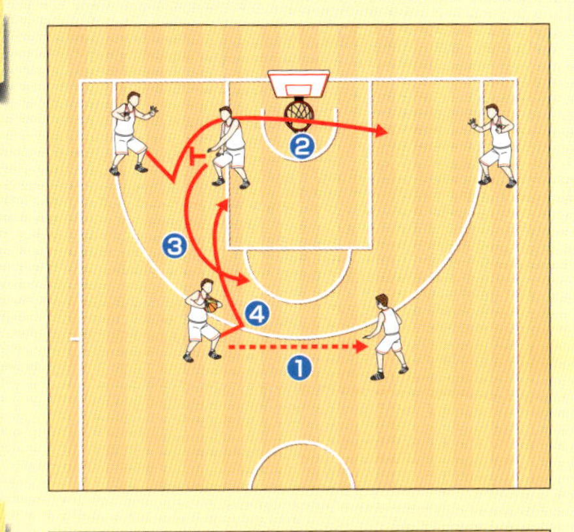

右図は「フレックスオフェンス」と呼ばれる、サイドチェンジを行いながら同じ動きを繰り返すパターンオフェンスの最初の数プレーです。横のスクリーン（❷）と縦のスクリーン（❸）を組み合わせたもので、スクリーナーとユーザーがタイミングよく動いてスクリーンが機能すれば、シュートに持ち込みやすいフォーメーションです。

1回限りの一連のプレーを行う パターンオフェンス

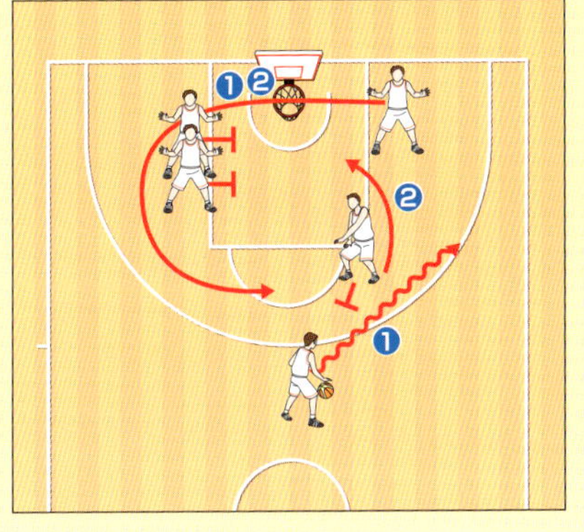

右図はパターンオフェンスの動き方の一例です。例えばこれを基本形にしながら、ディフェンスの対応によっては異なるプレーを選択できるようにしておきます。決められた通りの動きを「表のプレー」と呼び、決められた動きの逆を突く動きを「裏のプレー」と呼びます。これらをうまく使い分けてシュートに持ち込みましょう。

インサイドプレーヤーのポイント
スイッチディフェンスを振り切る技術が必要

同じ動きを繰り返すパターンオフェンスをしていると、相手チームに動きを読まれることがあります。スクリーナーの役割を担うことが多いインサイドプレーヤーは、相手チームがスイッチディフェンスなどで対策を講じてきたときに、自分がノーマークになってフリーになる動きを身につけなければいけません。

アウトサイドプレーヤーのポイント
相手の読みを逆手に取る動きを身につける

同じ動きを繰り返すパターンオフェンスを相手チームに読まれて対応されたとしても、さらにその相手の動きを逆手に取るようなプレーを行わなければいけません。相手の読みのさらにその先をいく動きで味方からのパスを引き出し、シュートにつながるチャンスを作り出しましょう。

チーム戦術｜オフェンス

09 プレスディフェンスには余裕を持って対処する

ディフェンスが強いプレッシャーをかけてきたときに大切なことは「精神的に圧倒されないこと」。そのうえで戦術と技術を使います。

プレッシャーディフェンス（プレスディフェンス）を、一気に破ろうとしてはいけません。また、プレッシャーを恐れてすぐにシュートに持ち込むのも避けましょう。相手にプレッシャーをかけさせている、というラクな気持ちでプレーするようにします。ディフェンスは通常、４～５回のパスには厳しいプレッシャーを継続できますが、それ以上になると次第にプレッシャーが弱くなってきます。体力的にも精神的にも疲れてくるからです。オフェンスは、それを待ってシュートに持ち込むようにします。そのためには、それまでボールを失わないようにしなければいけません。手にしているボールを奪われない技術、そしてボールをつなぐ技術を身につけておく必要があります。上下左右にボールを移動させる動き（スイープやスワイプなど）、ピボットやターン、そしてもちろんパスとレシーブの基礎技術が必要です。

また、できるだけディフェンスを動かすようにしなければいけませんが、ディフェンスにとって嫌な動きは、方向転換のある動きです。一定のスピードで同一方向に移動する動きには、ディフェンスはついていきやすいのです。ジグザクに移動する動き、角度のある動き、緩急をつけた動きなどは効果があります。

日高先生の うまくなる！ 強くなる！ 3つのポイント

- 体力的&精神的に相手を疲れさせてからシュートを打つ
- ボールを奪われないための基礎技術を習得する
- 緩急をつけた方向転換などでディフェンダーを動かす

戦術のポイントをオンザコートで解説

相手に背中を向けずに ボールをキープする

自分の手の中にあるボールは、決して失ってはいけません。かといって、ディフェンスに背中を向けてボールを守るのは得策ではありません。それではディフェンスのプレッシャーがより強くなってしまいます。ディフェンスに体の正面を向けたまま、ボールを移動させたり、ピボットやターンを駆使して、プレッシャーをかわしましょう。

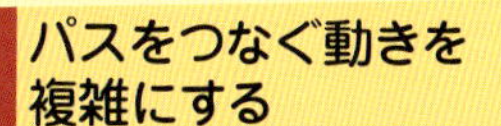

パスをつなぐ動きを 複雑にする

パスを受けようとするとき、最初の動きでパスをもらえなければ、次の動き、またその次の動きというように動作を連続させることが大切です。最初の動きだけでやめてしまうとディフェンダーはラクに守れるからです。3つ以上の動きを連続させるとプレッシャーをかわすことができ、またチャンスも生まれやすくなります。

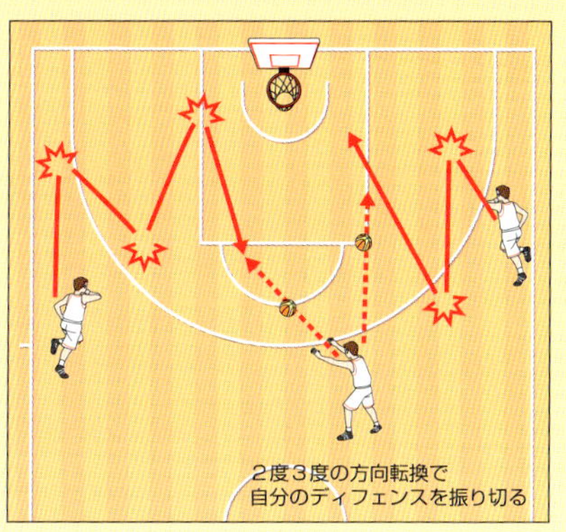

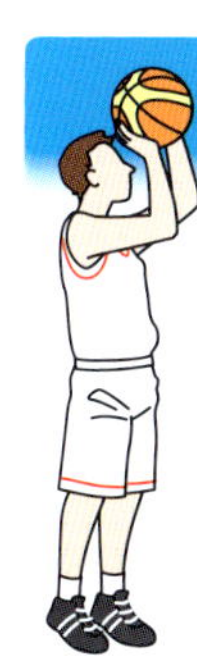

アウトサイドプレーヤーの役割

ディフェンダーを動かして体力を消耗させる

ディフェンダーのプレッシャーを受けると、浮き足立って正確なプレーができなくなりがちです。しかし、基本技術をしっかり身につけていれば、十分対応できます。むしろ、相手が無理をしていると考え、疲れさせてしまいましょう。ボールマンは、ディフェンダーがボールに反応することを利用して、ボールを上下左右に動かしてプレッシャーをかわします。ピボットは、「Y」の字の交点に軸足を置き、字の端にフリーフットを置くイメージで踏みましょう。ボールを持っていないプレーヤーは、鋭いフェイントなどを使ってディフェンダーを動かすようにします。スピードや角度を変えた動きで、ディフェンダーを振り切ってボールを受けます。ボールマンとのドリブルスクリーンも効果的です。

チーム戦術｜オフェンス

10 ゾーンディフェンスの攻め方のコツ

ゾーンディフェンスへの攻撃が苦手なチームは少なくない。ゲームでしっかり対応できるよう、ゾーンディフェンスの攻略法を考えておこう。

ゾーンディフェンスへの対策は、事前に準備しておかなければいけません。そのためには、まず、ゾーンディフェンスを攻めるときの原則を知る必要があります。その原則とは、ギャップ（2人のディフェンダーの間）に立つ、ゾーンディフェンスの背後に立つ、サイドチェンジをして攻める、ゾーンディフェンスの背後からインサイドにフラッシュする（鋭く走り込む）、制限区域を何度もカットする、ドリブルをうまく使う、です。

これらの原則に則って行うオーソドックスな攻め方に、ミドルポスト、ショートコーナー、ウイングに立って三角形を作って攻める方法があります。これを「エイペックス」と呼びます。このときトップを加えると4人が片方のサイドに立ちます（オーバーロード）が、この形を左右のサイドで繰り返し作りながら攻めます。エイペックスを使った攻撃では、ショートコーナーとミドルポストにいる2人が入れ替わりながら左右のサイドを移動する方法が最も簡単ですが、1人が左右のミドルポストを移動し、3人が左右のサイドを移動する方法もあります。

また、ゾーンディフェンスが形成される前にファースト＆セカンダリーブレイクで攻めることも攻略のカギとなります。

日高先生の うまくなる！ 強くなる！ 3つのポイント

- ゾーン攻略のための原則を知っておく
- エイペックスとオーバーロードを使って攻める
- ゾーンが形成されないうちに攻撃する

戦術のポイントをオンザコートで解説

エイペックスとオーバーロードで攻める

ショートコーナー（フリースローレーンの長辺とエンドラインが交わるところから1～2mサイドライン側に離れた位置）とローポスト（ブロックよりもフリースローライン寄りの位置）、ウイングの3人で形成する三角形（エイペックス）と、それにトップのプレーヤーを加えた4人（オーバーロード）で攻めることがゾーンディフェンス攻略のコツです。

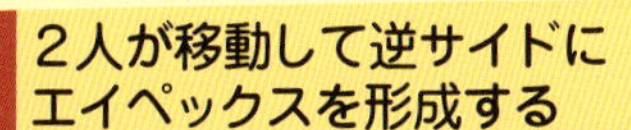

2人が移動して逆サイドにエイペックスを形成する

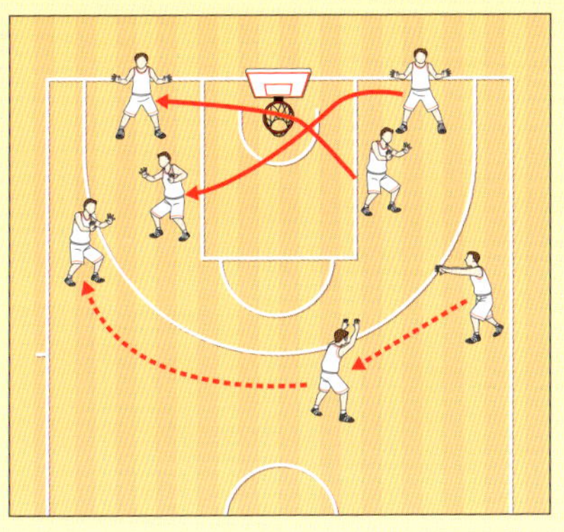

左右のサイドに交互にエイペックスを形成する最も簡単な方法は、2人が制限区域を横切るように移動するものです。ショートコーナーとミドルポストをその2人が占め、ショートコーナーから攻めます。攻め切れないときは、また逆サイドにエイペックスを形成して、チャンスを作ります。

インサイドプレーヤーのポイント
求められるミドルレンジのシュート力

インサイドプレーヤーは、ゴールから3～4m離れたミドルレンジのシュートを打つことが求められます。普段からこの距離のシュートを練習しておき、高い確率で決められるようになりましょう。また、同様に、ブラッドエリアでのシュートの機会も多くなるので、身体接触に強くなる必要もあります。

アウトサイドプレーヤーのポイント
ゾーンの背後やギャップを見つける

アウトサイドプレーヤーは、主にゾーンの背後、あるいはギャップ（2人のディフェンダーの間にできるスペース）を見つけて移動し、チャンスを作ります。サイドチェンジを繰り返してギャップを大きくしたり、ギャップをドリブルで攻めたり（ドリブルパンチ）、フェイクをしたりして、ディフェンスを崩す工夫をしましょう。

チーム戦術｜オフェンス

11 どんな隊形にも対応できるゾーンプレスの破り方

「2−2−1」や「1−2−1−1」以外にも様々な隊形があるゾーンプレス。どんな隊形でも攻略できる方法を覚えておこう。

フルコートのゾーンプレスを攻めるとき、それぞれの隊形に対して攻め方を変えていては、練習時間がいくらあっても足りません。ここではどんな隊形にも効果がある方法を紹介します。

プレスを仕掛けてくるタイミングは、一般的にはシュートを決めた後です。このときまず気をつけなければいけないのは、スローインのボールをフリースローラインよりも下、つまりエンドライン側に入れないということです。そこに入れてしまうと、後方にパスするスペースを確保できないからです。パスを入れる場所の目安は、フリースローラインの延長線上です。

ゾーンプレスではドリブルに対して2人のディフェンダーがトラップを仕掛けてきます。この状況では、必ず1人のオフェンスがノーマークになっていることを覚えておきましょう。

ボールマンはドリブルを始めたら、トラップがくることを予想します。ディフェンスはゴール方向へのパスを阻止しようと壁を作ってきますが、後方にはパスコースがあります。ここにボールをスローインした味方を配置し、パスを出します。これを「リバース・パス・バック」（反対サイドの後方にパス）と呼びます。ここでボールを受けて余裕を持って、フリーのプレーヤーにパスを出します。基本的な隊形は右ページを参照してください。

- スローインはフリースローラインよりも高い地点へ
- トラップ時には必ずフリーのオフェンスがいる
- 「リバース・パス・バック」でボールを展開する

戦術のポイントをオンザコートで解説

リバース・パス・バックで ゾーンプレスを攻める

ボールマンはあえてディフェンスにトラップ（ダブルチーム）をさせてから、逆サイドの後方にいる味方にパスを出します。ドリブルで止まるとき、ミドル方向に背中を向けて、ストライドストップをします。フロントコートにパスをすると見せかけて、180度のフロントターンを行い、トラップの壁の外側から、勢いのあるパスを出します。

プレスダウンのカギを握る パスレシーバーの動き

先に走って前方にいる3人のプレーヤーは、センターラインに位置します。リバース・パス・バックに合わせて、ボール方向に1～2歩移動し、バックコートでパスを受けます。このときバックパスに気をつけます。ボールマンはフリーのレシーバーを見つけられなかったとき、ドリブルをしてトラップを待って同じ動きを繰り返します。

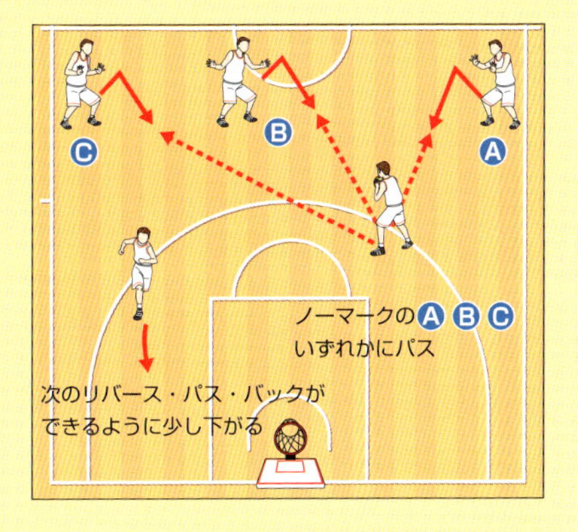

前方のプレーヤーが パスを受けた後の動きの例

Aにパスが渡った場合は、BとCがサイドライン沿いにカットします。BまたはCがパスを受けることもできますし、Bがいた位置に走り込んだオフェンスにパスを出すこともできます。

また、Bにパスが渡った場合は、AとCがサイドライン沿いに移動してパスを受けます。

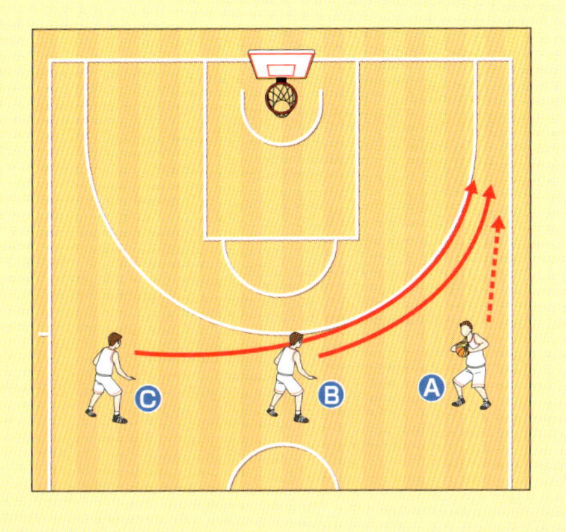

チーム戦術｜オフェンス

12 オフェンスリバウンドは3人+1人で奪いにいく

リバウンドは勝敗を左右する重要なプレー。オフェンスリバウンドに飛び込む意欲と、ボールが落ちてくる確率が高い場所を知っておく。

オフェンスはシュートを打ったらおしまいではありません。オフェンスリバウンドを奪うチャンスがあります。オフェンスリバウンドが勝敗のカギを握ることは少なくないのです。「リバウンドを制する者が勝利を手にする」という言葉があるように、ディフェンスリバウンドを取れないと勝てませんが、裏を返せば、オフェンスリバウンドを奪えれば勝利に近づけるのです。シュートは落ちると考え、ボールが跳ねる場所を予測し、ディフェンダーのブロックアウトをかいくぐってポジションを確保しましょう。そして意欲的にオフェンスリバウンドに飛びます。リバウンドを取れば、そのままシュートを狙うことも、ボールを外に出して次のシュートチャンスを待つこともできます。

オフェンスリバウンドに飛び込むのは、スモールフォワード（SF）、パワーフォワード（PF）、センター（C）の3人です。残りの2人は、シューティングガード（SG）がフリースローラインに立ち、ポイントガード（PG）がセンターラインに立ちます。フリースローラインに立つプレーヤーを「ハーフリバウンダー（あるいはロングリバウンダー）」、センターラインに立つプレーヤーを「セーフティー」と呼びます。

日高先生の うまくなる！ 強くなる！ 3つのポイント

- 意欲と予測がオフェンスリバウンドのカギを握る
- オフェンスリバウンドには3人の選手が飛び込む
- 残りの2人はハーフリバウンダーとセーフティーの役割を果たす

戦術のポイントをオンザコートで解説

オフェンスリバウンドに参加するのは３人

３人のリバウンダーは、フリースローレーンの両ニュートラルブロックと、ノーチャージセミサークルの少しフリースローライン寄りの位置に立ちます。この３カ所をリバウンドの「トライアングルポジション」と呼びます。これはオフェンスリバウンド、ディフェンスリバウンドに共通するポジションです。

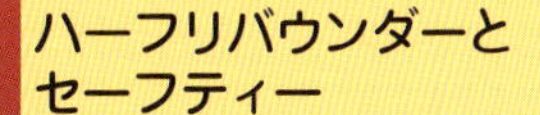

ハーフリバウンダーとセーフティー

ハーフリバウンダー（もしくはロングリバウンダー）は意識の半分をリバウンドに、半分をセーフティーに向けておきます。リバウンドでは遠くに跳ねるボールに対応します。セーフティーの大きな役割の一つは、相手に簡単に速攻を出させず、特にノーマークのレイアップシュートは打たせないようにすることです。

インサイドプレーヤーのポイント
シュートのクセを観察しリバウンドを予測する

それぞれのプレーヤーのシュートには、クセがあります。シュートが外れたときにボールがどこにバウンドするかも、クセによってある程度予測できるものです。味方のシュートのクセを日ごろから観察しておき、タイミングを計ってリバウンドに飛びましょう。

アウトサイドプレーヤーのポイント
ゴールから離れていてもリバウンドに飛び込む

ゴールから離れたプレーヤーが走り込んできて、勇猛果敢にリバウンドボールに跳びつく姿を目にしたことがあると思います。チームメイトのシュートは外れるものだと考え、アウトサイドからでも、オフェンスリバウンドには意欲的に飛び込みましょう。アウトサイドプレーヤーがボールを手にする確率は、意外に高いものです。

Column 5

攻撃パターンが無数に広がるモーションオフェンス

最小限の約束事を守りながら、個々のプレーヤーの自由な判断を生かすモーションオフェンス。名コーチも採用したシステムを紹介しよう。

「モーションオフェンス」とは、パターンオフェンスとフリーオフェンスのそれぞれの特徴を取り入れたものです。最小限の約束事を守りながら、動きにパターンを決めず、プレーヤーの自由な判断でプレーを連続するフリーオフェンスです。

コーチによって約束事はやや異なるものの、基本的な考え方は同じです。その特徴は、１人のプレーヤーがボールを持つ時間を短くし、ドリブルをできるだけ使わず、パス、カット、スクリーンを連続的に行い、シュートに結びつけようとするものです。ＮＣＡＡトーナメントでインディアナ大学を３度優勝に導いたボブ・ナイト氏が採用したモーションオフェンスの約束事も、２秒ルールやボールの展開、あるいはハイポストの活用など、ほかと大きく異なる約束事があったわけではありませんでした。

モーションオフェンスは、フリーオフェンスに近いとはいえ「見て、判断して、プレーする」が重視される規律あるオフェンスです。ただ、そこに個々のプレーヤーの判断がエッセンスとして加えられることによって、無数の攻撃パターンへと展開されるのです。

CHAPTER 6

チーム戦術

ディフェンス

DEFENSE

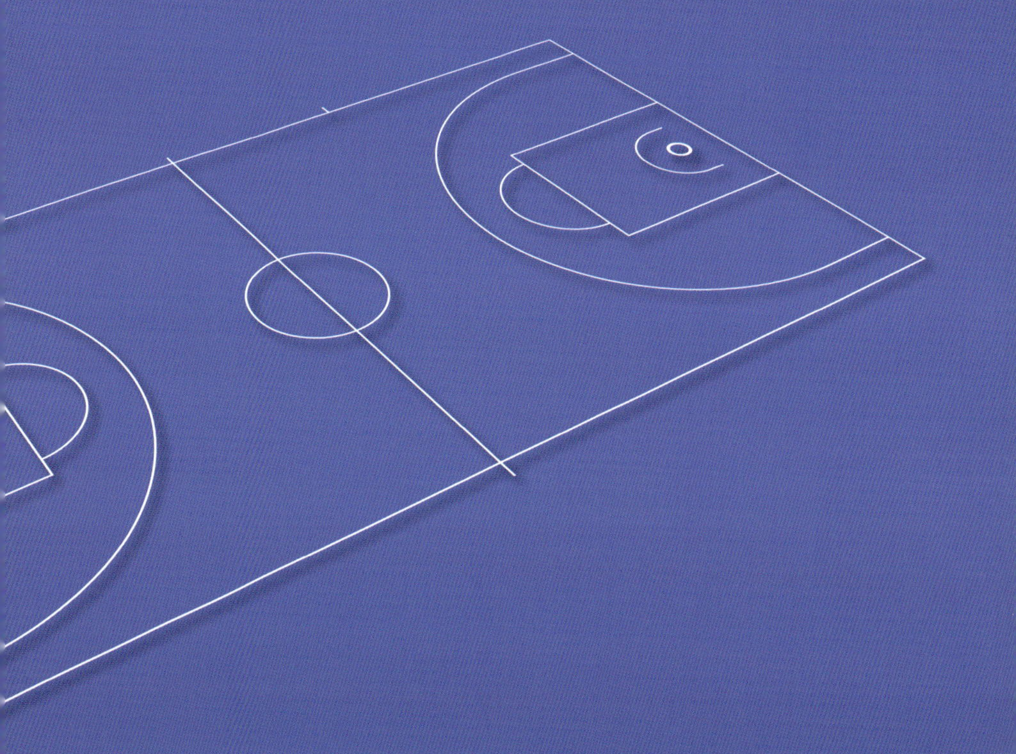

チーム戦術｜ディフェンス

01 ディフェンスピックアップの原則を知る

攻守の切り替えのタイミングと、どの位置で相手を捕まえるのかを確認して、相手にスキを与えないチームディフェンスを構築しよう。

攻撃と守りの間に切れ目がないことがバスケットボールの特徴です。攻撃が終わったら直ちに守りの態勢に入ります。シュートを打つと、その場に立ち止まってボールを目で追い、結果を確認して相手のボールになってからようやくディフェンスに戻ろうとするプレーヤーを見かけますが、それでは間に合いません。シュートしたボールが空中にある間、すなわちどちらのボールでもない「ルーズボール」の間に、オフェンスリバウンドに入るか、ディフェンスに切り替える態勢を取るかを判断し、行動に移さなければなりません。攻撃側になった相手を後方から追いかけるようでは困ります。体の正面で迎え撃つような態勢に持ち込まなければいけません。

ディフェンスに戻る方法としては、まずはP.126～127で説明したように、3人がリバウンドに入り、2人がハーフリバウンダーとセーフティーになって、相手の速攻をできるだけ早い段階から阻止できるポジションを取ります。そして、相手ボールになったらとにかく全速力でセンターラインまで戻り、そこでマークマンを捕まえる方法や、いったん3ポイントラインまで戻り、ゴール近くの守りの態勢を整えてから外に出てマークする相手を捕まえてディフェンスエリアを広げていく方法などがあります。

日高先生の うまくなる！ 強くなる！ 3つのポイント

- リバウンダー、ハーフリバウンダー、セーフティーを覚える
- センターライン、もしくは3ポイントラインまで全速力で戻る
- まずはゴールを守り、その後にボールを守る

戦術のポイントをオンザコートで解説

センターラインや3ポイントラインまで全力で戻る

シュートが外れたら、センターラインもしくは3ポイントラインまで全速力で戻り、反転して自分のマークマンを捕まえます。まずはゴールを守り、それからボールを守ることが鉄則です。味方がゴール下を固めたことを確認してから、外にディフェンスエリアを広げていきます。

ボールとは反対サイドに戻る

リバウンドに参加するなどして、ボールを後方から追い掛けることになったディフェンダーは、ボールサイドとは逆サイドに戻りましょう。チームメイトはボールマンを守ろうとしているので、ボールサイドとは逆のサイドが手薄になっているからです。マークする相手にズレが生じていたら、声を掛け合うことも大切になります。

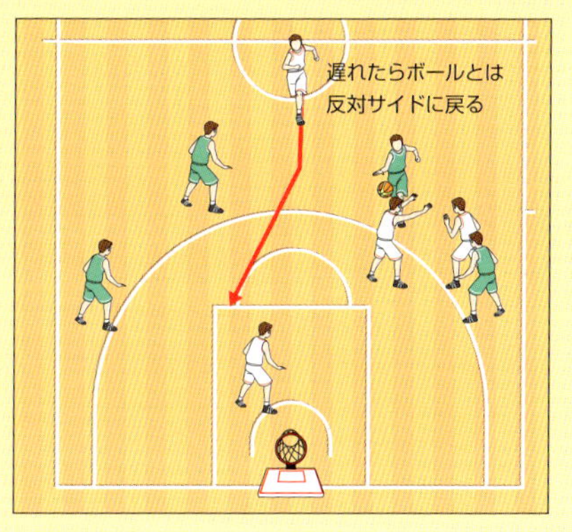

インサイドプレーヤーのポイント
ゴール下に着いたらビッグマンを捕まえる

インサイドプレーヤーは、コート中央（2つのフリースローサークルを結ぶレーン）を全力で走って戻ります。一番早くゴール下に戻ってきたビッグマン（主にセンター）は、最初にインサイドに飛び込んできた相手のビッグマンのマークにつくようにしましょう。

アウトサイドプレーヤーのポイント
インターセプトよりもゴールを守ることが先決

相手のボール運びに対して、インターセプトを狙って出し抜かれる守り方は禁物です。まずは、ゴールを守ることを優先しましょう。そうした場合、もともとマークしていたプレーヤーのディフェンスにつけるとは限りません。身長差でミスマッチになることもありますが、相手の攻撃を守りながら、徐々にマークする相手を調節するようにしましょう。

チーム戦術｜ディフェンス

02 セオリーを共有してマンツーマンを強固にする

マンツーマンディフェンスのセオリーを知ると、ディフェンスが楽しくなる。セオリーを頭に入れて、マンツーマンディフェンスをより強いものにしたい。

現代のバスケットボールでは、５人で協力してボールを守るマンツーマンディフェンスが一般的です。ボールを追い込む方向によって、ミドル方向に追いやる「ファネルディフェンス」とサイドライン方向やエンドライン方向に追いやる「ファンディフェンス」に大別されます。ファネルとは「漏斗」のことで、身長の高いシュートブロッカーがいる場合、この方向に追い込むことでシュートを難しくさせようとするディフェンスです。ファンは「扇風機」を意味しますが、サイドラインとエンドラインをディフェンスの壁として利用し、この方向にオフェンスプレーヤーを吹き飛ばすイメージです。

また、ディフェンスをするときに基準としてよく使われるラインに、「ボールライン」と「ミドルライン」があります。ボールラインは、ボールがある位置を通してエンドラインと平行に引いたラインです。ディフェンスは、全員このラインまで下がってゴール寄りに立つことで、ボールを全員で守ることができます。ミドルラインは２つのゴールを結ぶラインで、このラインがボールのある「ボールサイド」とボールのない「ヘルプサイド」にコートを分けます。

チームの状況に合わせて、どのようなスタイルのマンツーマンディフェンスを採用すべきかを考え、チーム全員で約束事を共有することが大切です。

日高先生の うまくなる！ 強くなる！ ３つのポイント

- ファンディフェンスか、ファネルディフェンスかを選択する
- ボールラインとミドルラインを活用して守る
- チーム全員で約束事を共有する

戦術のポイントをオンザコートで解説

ファネルディフェンスとファンディフェンス

ボールをミドルライン方向に追いやるディフェンス（❶）を「ファネルディフェンス」と呼び、サイドライン方向やエンドライン方向に追いやるディフェンス（❷）を「ファンディフェンス」と呼びます。どちらも相手に対してしっかりとしたディレクション（方向づけ）をする必要があります。

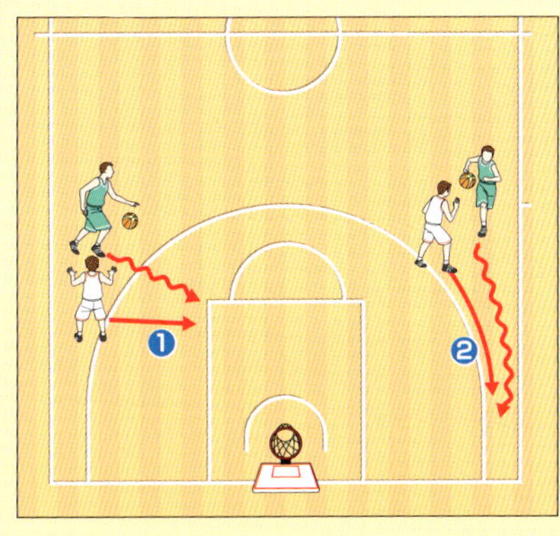

ボールラインとミドルライン

ボールの位置を通してエンドラインと平行に引いたラインを「ボールライン」と呼びます。また、ゴールとゴールを結ぶラインを「ミドルライン」と呼びます。ミドルラインは、ボールを持たないオフェンスを守るディフェンスが立つべきポジションの目安になります。ぜひ、活用しましょう。

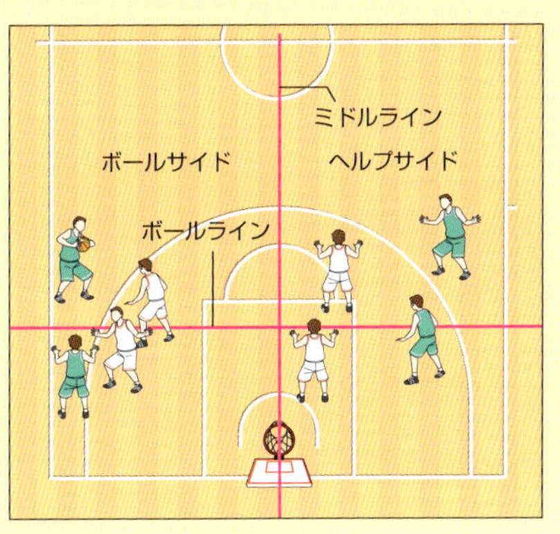

インサイドプレーヤーのポイント

ボール・ユウ・マンとディナイの原則を守る

ボールラインとミドルラインを意識しながら、ボール・ユウ・マンとディナイディフェンスの原則に則って、マンツーマンディフェンスをすることを心掛けましょう。また、ファネルディフェンスをするかファンディフェンスをするかをチームで事前に決めておくと、インサイドプレーヤーがヘルプを行いやすくなります。

アウトサイドプレーヤーのポイント

相手のシュート力に応じてポジションを取る

3ポイントシューターを守っているときは、必ずしもミドルラインを意識して守る必要はありません。制限区域の一歩内側にポジションを取り、ミドルラインに近づきすぎないようにします。そうすることで、マークする相手のキャッチ＆シュートを防ぐディフェンスができるのです。マークする相手のシュート力に応じて、ディフェンスのポジションを調整しましょう。

03 ドライブをきちんと止めるヘルプディフェンス

ドライブを1人のディフェンスで止められればいいが、現実的にはうまくいかないことが多い。チームディフェンスの基本、ヘルプを確認しよう。

ドライブに対するヘルプは、エンドライン側を破られたら「ローテーションヘルプ」、ミドル側を破られたら「ヘルプ&リカバリー」と覚えておきます。

「ローテーションヘルプ」では、「フィル&シンク」で対応します。ドライブ方向に正面から向き合うようにチーム全員が移動します。「フィル」とはエンドライン際のドライブを止める「寄り」の動きです。制限区域の外でドライブを止められるように、ボールマンから一番遠い位置にいるディフェンダーが手足を大きく広げて早めにヘルプします。そのためにはヘルプに行く前のポジション、つまりボールがフリースローラインよりエンドライン側にあるときには、ヘルプに行くディフェンダーがミドルライン（2つのゴールを結ぶ線）に位置するのがカギです。こうすれば移動距離が短く、早めのヘルプが可能になります。「シンク」とは、もう1人のディフェンダーがゴール方向へ下がる動きのことです。フィルに対してシンクがないとカウンターパスを出され、ゴール下でシュートされてしまいます。フィルとシンクは、一体の動きであると覚えておきましょう。

ミドル側を破られたときは「ヘルプ&リカバリー」で守ります。片方の肩でボールを指し、体の正面を自分がマークするオフェンスに向けた姿勢で、ドライブコースを防ぎます。

日高先生の うまくなる! 強くなる! 3つのポイント

- ローテーションヘルプとヘルプ&リカバリーで対応する
- 正確なポジショニングで、早めのヘルプを行う
- フィル&シンクを同調させ、チームで守る

戦術のポイントをオンザコートで解説

ヘルプを成功させるフィル&シンク

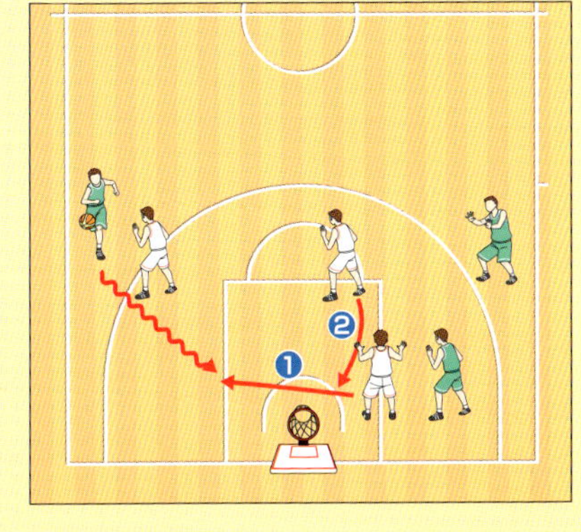

エンドライン側にドライブをされたら、フィル（寄り）の動きでドリブラーを止めます（❶）。このとき両手両足を広げ、できるだけ体を大きく見せるようにしましょう。また、制限区域の外側で止めることが大切です。フィルの動きに対して、ほかの選手はシンク（下り）の動き（❷）を同調させて、シュートを防ぎましょう。

ヘルプ&リカバリー

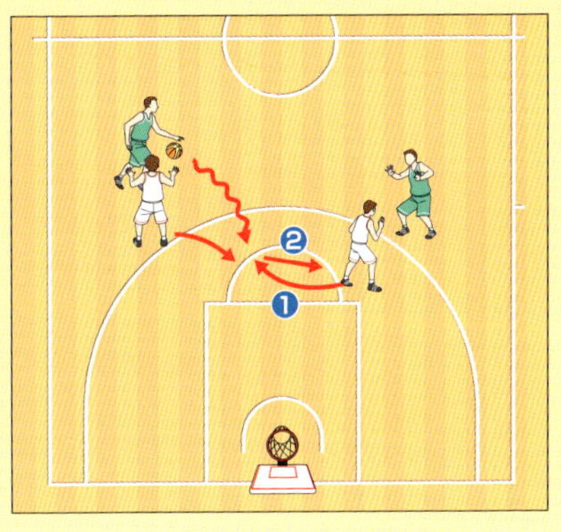

相手がミドル側にドライブをしてきたらヘルプに寄り（❶）、ドリブラーがボールをつかんだら、素早く元の位置に戻ります（❷）。ヘルプするとき、ドリブラーに体の正面を向ける方法もありますが、こうすると自分のマークマンを見失うことになります。体の正面はマークマンに向けたまま、ヘルプに行きましょう。

インサイドプレーヤーのポイント
ドライブコースとカウンターパスを防ぐ

フィルの動きのときは、両手・両足を広げてドライブコースを防ぐと同時に、カウンターパスも防ぎます。ドリブラーの肩の位置が、ドリブラーのディフェンダーの腰の位置を通り越しそうだと判断したら、フィルの動きを始めましょう。ドリブラーの進行を止めたとき、無理にボールを奪おうとして、ファウルをしないように気をつけましょう。

アウトサイドプレーヤーのポイント
ヘルプ&リカバリーを徹底してがっちり守る

フィルに対して、シンクの動きが重要です。フィルの動きに同調してシンクを行い、ドリブラーのゴール下へのパスを防ぎましょう。ミドル方向へのドリブル突破には、ヘルプ&リカバリーで対応しますが、ヘルプしたことに満足し、リカバリーがおろそかになってはいけません。自分がマークするプレーヤーには絶対に破られないという気構えを持ち、素早く戻るようにします。

04 トラップでディフェンスを攻撃的にする方法

トラップを仕掛けてボールを奪うことができれば、ゲームの流れはディフェンスに傾く。ゲームを有利に進める戦術を覚えておこう。

トラップは、ボールマンを2人のディフェンダーで囲んでボールを奪うか、出されたパスのインターセプトを狙うプレーです。しかし、目的はそれだけではありません。ゲームのテンポを変えようとしてトラップを仕掛けることもあります。トラップに対して、相手チームは用心深くなるので、テンポが遅くなったり、逆に早くボールを離したがって、テンポが速くなったりします。

トラップは、ドリブルもしくはパスに仕掛けます。ドリブルへのトラップには、ドリブラーの前方から行うジャンプトラップと、後方から行うチェイストラップがあります。仕掛けるタイミングはターンを行うとき、ドリブルスピードが速くなった瞬間、仕掛けられる距離に近づいてきたとき（2.5～3mが目安）です。パスへのトラップは、ボールを受けたレシーバーに対して仕掛けるもので、パスを受けた瞬間が狙い目です。また、特定のポジション、ポストやコフィンコーナーなどで行います。パスをできるコースが限られるので、インターセプトを狙いやすいからです。また、特定のプレーヤーに対して、例えば得点能力の高いシューターなどに仕掛け、ボールを離させることによって相手チームの長所を潰したり、ダブルチームに弱いプレーヤーをターゲットにして、ターンオーバーを狙うこともあります。

日高先生の うまくなる！ 強くなる！ 3つのポイント

- 目的を持ったトラップを仕掛ける
- トラップを仕掛けるタイミングを逃さない
- トラップを仕掛ける有効なエリアを知る

戦術のポイントをオンザコートで解説

ジャンプトラップとチェイストラップ

ジャンプトラップは、ドリブラーを前方から迎えるようにトラップを仕掛けます（❶）。ドリブルをしている手を体の真正面で受け止めます。そうすれば、簡単にカウンターパスは出されません。チェイストラップはドリブラーを後方から追い掛け、トラップを仕掛けます（❷）。ドリブラーの後頭部が見えたときがトラップのタイミングです。

トラップを仕掛ける場所を考える

コートの中央にいるボールマンに対して、２人のディフェンダーでトラップを仕掛けたとしても、そのような場所ではボールマンはドリブルやパスのコースが広いので、ディフェンスはなかなか相手を抑えることができません。そのような場所では、通常、トラップを仕掛けません。

ディフェンスに有利なコフィンコーナー

エンドラインとサイドラインなど、２本のラインにコースを阻まれる「コフィンコーナー」やサイドライン際は、ボールマンのドリブルやパスのコースが限定されるので、トラップを仕掛ける絶好の場所です。トラップを仕掛ける２人のディフェンダーがボールマンにしっかりプレッシャーをかけ、ほかのディフェンダーは苦し紛れに出されたパスのインターセプトを狙います。

05 ゾーンディフェンスを成功させるには？

ゴール近くに固まって守るだけがゾーンディフェンスではない。ゾーンディフェンスのデメリットも知ったうえで活用する。

ゾーンディフェンスは、各ディフェンダーが割り当てられた地域（エリア）を守るディフェンスです。ボールマンにはプレッシャーを掛けますが、パスコースにディフェンスをすることは、ポストマン以外、ほぼありません。

自分が割り当てられたエリアにいるオフェンスにボールが渡った瞬間には、プレッシャーを掛けられる姿勢になっていることが理想です。「プレー・ザ・キャッチ」（キャッチに対してプレーする）を念頭に置いてディフェンスするといいでしょう。そのためには、ボールマンの隣にいるオフェンスをよく認識し、次のプレーを予想しながら守ることが大切です。ゾーンディフェンスでボールを持たれてはいけない場所は、ブロックとエルボー、そしてフリースローラインの中点のネイル（右ページ参照）です。また、ゴール近くを固めているからといって、3ポイントシュートを許していいわけではありません。むしろ3ポイントシュートを打たせないように守ります。

そして、ついおろそかになるのがリバウンドです。リバウンドを取るのは難しくないと考えがちですが、ゾーンディフェンスはリバウンドに弱点があると自覚しておくべきです。リバウンドのトライアングルポジションをどう確保するのか、準備しておきましょう。

日高先生の うまくなる！ 強くなる！ 3つのポイント

- 「プレー・ザ・キャッチ」を念頭に置いて守る
- 隣にいるオフェンス、次のプレーを意識して守る
- トライアングルのリバウンドポジションを確保する

戦術のポイントをオンザコートで解説

各プレーヤーが担当するエリアを決める

右図では「1－2－2」のゾーンディフェンスを示しています。各ディフェンダーが、おおよそどれくらいの範囲のディフェンスを担当するのかを確認しておきましょう。ボールやオフェンスの移動に応じて、それぞれのディフェンダーは移動してポジションを調整し、パスやドライブに備えましょう。

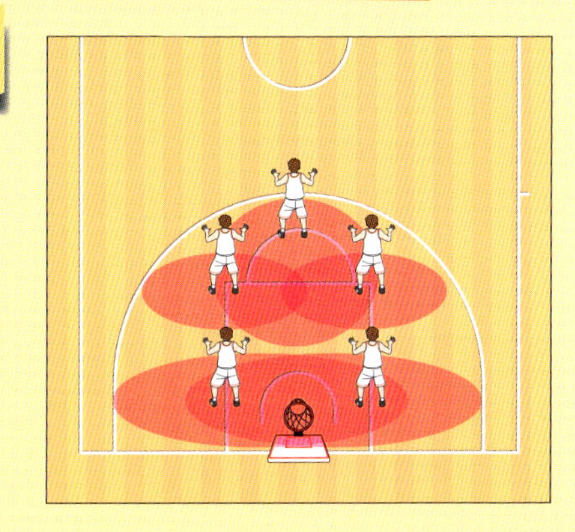

ゾーンディフェンスの危険エリア

ゾーンディフェンスでは、特に右図にある5つのエリアにボールを入れさせないことが大切です。ボールやオフェンスの移動に応じて、これらの地点でボールを持たれないようにポジションをシフトしましょう。危険なエリアを守りつつ、ディフェンス間の距離感も保つようにすることが重要です。

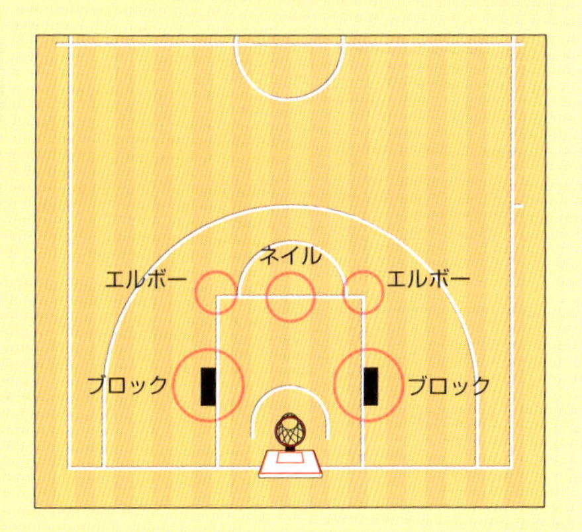

2－3ゾーンディフェンスの弱点はウイングとトップ

図は、２－３のゾーンディフェンスで守ったとき、各々のディフェンダー担当するエリアを示しています。トップからウイングにかけての広いエリアを２人のディフェンダーで守らなければいけないので、ウイングとトップ（■部分）が弱点といえます。ここを担当するディフェンダーは、それをカバーできるだけの脚力を身につけておかなければいけません。

06 ゾーンとマンツーマンのメリットを生かす

ゾーンディフェンスにマンツーマンの要素を取り入れた「マッチアップゾーン」。相手にプレッシャーを掛けられる攻撃的なゾーンディフェンスだ。

マッチアップゾーンとは、ゾーンディフェンスとマンツーマンディフェンスの長所を採り入れたディフェンスです。エリアマンツーマン、あるいはスイッチングディフェンスといってもいいかもしれません。最初の隊形はゾーンディフェンスと同じように「1－2－2」や「2－3」などがあり、シフトの仕方に多少の違いはあるものの、基本的な考え方は同じです。例えば、ボールマンをマークするディフェンダーの位置を基準にして、その右隣と左隣に位置するディフェンダーが担当するエリアとマークする相手が決まります。ボールマンがいる位置によって、それぞれのディフェンダーが担当するエリアが微妙に変わります。慣れてくると守るエリアはある程度は決まってきますが、ディフェンスはオフェンスの動きに合わせて決められたポジショニングを崩さないようにシフトし、マークマンを次々と変えながらディフェンスを行います。声を出して、味方とコミュニケーションを取り合うのは不可欠です。

「2－3」や「1－3－1」では、インサイドプレーヤーをマークするディフェンダーが固定されます。オフェンスの移動に対して、ディフェンス側はマークマンの受け渡しとポジション移動を頻繁に行わなければならないので、この習熟に時間がかかります。

日高先生の うまくなる！ 強くなる！ 3つのポイント

- 隣のプレーヤーを確認してマークマンを決定する
- 声の掛け合いとプレーヤーの受け渡しが必須
- あうんの呼吸でプレーできるまで時間をかけて練習する

戦術のポイントをオンザコートで解説

自分がマークする相手の確認をおこたらない

最初に決めた位置関係を保ちながら、ボールにプレッシャーをかけます。右図のようにボールマンをⒶがマークすると決めたら、隣はⒷが、そのⒷの隣はⒹがマークします。ボールが3ポイントライン近くまで運ばれてきたら、プレッシャーをかけます。ノーボールエリアにはボールを入れさせないようにしましょう。

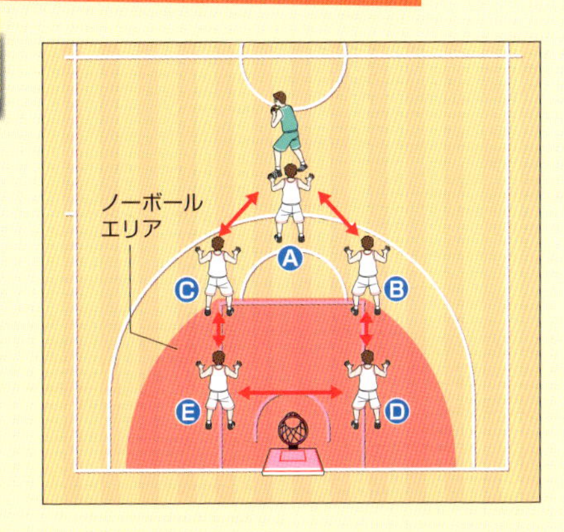

プレーヤーの受け渡しがカギ

当然、オフェンスもポジション移動を行うので、ディフェンダーのマークマンの受け渡しとポジション移動は頻繁に行われます。この動きを習得するのに時間がかかります。右図が示すように、Ⓒはカットについていき、Ⓓに受け渡しをしたら、新たな隣のプレーヤーをマークしにいきます。

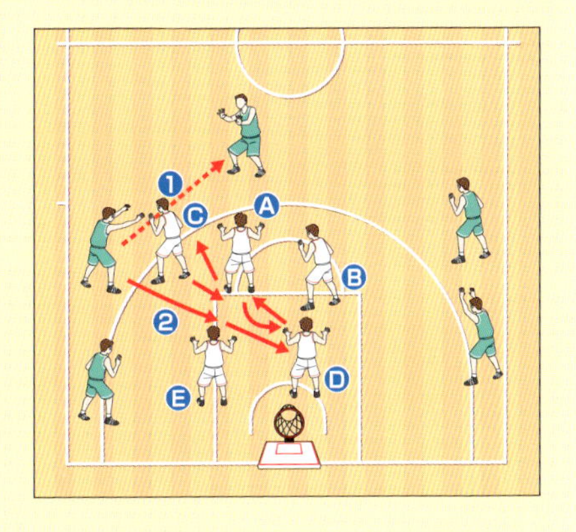

クローズアウトとボールプレッシャー

マッチアップで大切なことは、アウトサイドでボールを受けたオフェンスプレーヤーをマークするために、インサイドから素早く飛び出す動き（クローズアウト）と、ボールプレッシャーです。ボールマンの視線を遮って自分の背後にパスを通させない、または余裕のあるパスやドリブルをさせないようにしましょう。

07 ゾーンプレスでゲームを有利に進める

ゾーンプレスの特徴を知り、実際のゲームで使いこなせるようになれば、ゲームの流れを手繰り寄せ、勝利につなげることができる。

ゾーンプレスの目的には、ゲームのテンポを落とす、テンポを上げる、ボールを奪いにいく、などがあります。相手によって、また、ゲームの状況によって使い分けます。仕掛けるタイミングは、ゴールを決めた後が一般的です。シュートが落ちた後では、隊形を形成する時間が足りないからです。フリースローが成功した後やタイムアウトの後もよいタイミングといえます。仕掛ける位置はさまざまで、フルコート、スリークォーター（フリースローラインから）、ハーフコートなどがあります。

代表的なものは2つあります。1つは「2－2－1」で、「ボックスプレス」とも呼ばれるこの隊形は、ギャンブル的な要素が少ない安全なプレスであり、かつ、より攻撃的にボールを奪うこともできます。もう1つは「1－2－1－1」。これは「ダイヤモンドプレス」とも呼ばれ、ボールを積極的に奪いにいくプレスとして使われます。このほかにも「1－2－2」、「1－3－1」、「2－1－2」、特殊なプレスとして「1－1－2－1」などもあります。トラップを仕掛ける場所はコートの四隅で、仕掛ける回数は1回とするのが一般的です。ゾーンプレスを解いた後に行うディフェンスは、ゾーンとマンツーマンの両方があります。

日高先生の うまくなる！ 強くなる！ 3つのポイント

- ゾーンプレスの目的を把握してプレーする
- 得点後がゾーンプレスを仕掛けるタイミング
- コートの四隅を使い、トラップの回数は1回が適切

戦術のポイントをオンザコートで解説

「2－2－1」でトラップを仕掛ける動き方

右図はスリークォーターから仕掛ける「2－2－1」のゾーンプレスの一例です。サイドライン沿いにボールマンを追い込み、トラップを仕掛けます。2人のディフェンダーでトラップを仕掛けたら、残りの3人のディフェンダーのうち1人は縦パスを抑えるインターセプターになり、残りの2人はミドルラインに立つショートミドルとロングミドルの位置に移動します。

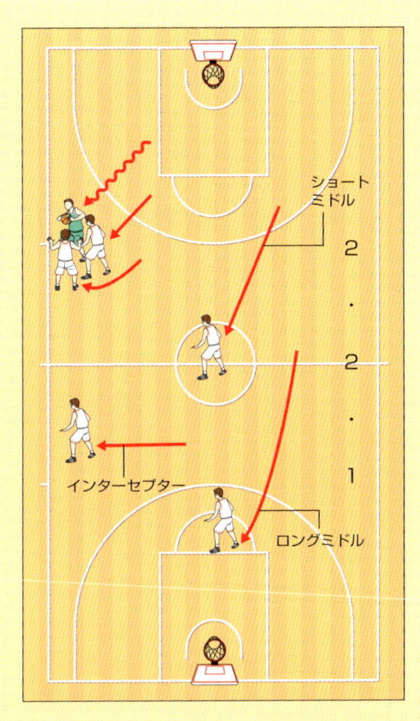

変則のゾーンプレス「1－1－2－1」

スリークォーターよりも少し下がったところから仕掛けるゾーンプレスです。ハーフコート内に誘い込み、コフィンコーナーでトラップを仕掛けます。最初からショートミドルのポジションを占められるので、パスコースをサイドライン沿いに限定できるという利点があります。

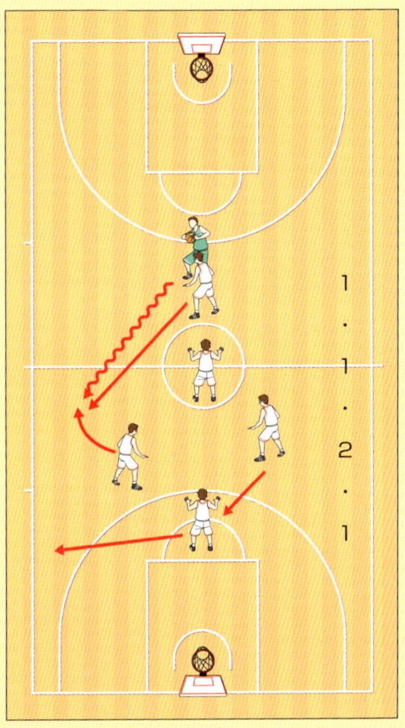

チーム戦術｜ディフェンス

08 相手のスーパースターに得点させない方法

相手の得点源であるスーパースターに、自由にプレーさせては勝ち目はない。いくつかの作戦を駆使した動きを封じる方法を覚えておこう。

スーパースターに得点を取られないためには、そのプレーヤーにボールを持たせないようにするのが手っ取り早い方法です。相手のお腹に前腕を押し当て、上半身を密着させ、離れないようにして相手の自由な動きを抑制し、ボールを持たせないようにします。これを「シールド」と呼びます。もっと厳しく守る場合は「フェイスガード」です。これはボールの位置とは関係なく相手と向き合い、ピッタリくっついて動き回ります。

しかし、得点能力に優れたスーパースターは、ボールの受け方も長けていることが多く、いずれボールは渡ってしまいます。その場合にはトラップです。2人でダブルチームを仕掛け、ボールを離させるようにします。よりシュート確率の低いプレーヤーにシュートさせる方がよいと考えるわけです。また、変則ゾーンディフェンスを採用してもよいでしょう。「ボックス＆ワン」あるいは「ダイヤモンド＆ワン」が使われます（右ページ参照）。

一方、自分たちが攻撃のときには、スーパースターが守っている味方にボールを集めて積極的に攻撃させ、ファウルを誘うなどオフェンスの標的にします。積極的にオフェンスリバウンドにも飛び込み、とにかくディフェンスで手を抜けないようにして、精神的、体力的に疲弊させることを考えます。

日高先生の うまくなる！ 強くなる！ 3つのポイント

- 「シールド」で簡単にボールを持たせない
- さらに厳しく「フェイスガード」で動きを封じる
- 「ボックス＆ワン」、「ダイヤモンド＆ワン」などを使う

戦術のポイントをオンザコートで解説

ボールを持たせない シールドとフェイスガード

「シールド」では、ひじを曲げた前腕を相手の体に押し当て、密着して守ります。自分の耳を相手の胸の前に置く意識で姿勢を低く保ちディナイディフェンスをします。「相手の心臓の音を聞け」という指示が分かりやすいかもしれません。「フェイスガード」（写真）はボールの位置とは関係なく、常に相手に対面した状態で守ります。

ボックス＆ワンと ダイヤモンド＆ワン

スーパースターにフェイスガードをして、ほかの４人がゾーンディフェンスで守ります。このとき４人の位置関係が制限区域の形になるものを「ボックス＆ワン」（右図）、ひし形になるものを「ダイヤモンド＆ワン」といいます。相手の得点源が１人しかいないときは、絶大な効果を発揮します。

２人のスーパースターを抑える トライアングル２

相手にスーパースターが２人いる場合は、それぞれのスーパースターをフェイスガードで守り、残りの３人のディフェンダーで三角形（トライアングル）のゾーンディフェンスを組んで守ります。これを「トライアングル２（ツー）」といいます。ボックス＆ワンに比べて、インサイドのディフェンスは手薄になりますが、スーパースターの得点力は抑えられます。

チーム戦術｜ディフェンス

09 チェンジングディフェンスで相手を惑わせる

近年、よく使われるようになった「チェンジングディフェンス」。この相手を惑わせるディフェンスをうまく使って、ゲームを有利に進めたい。

「チェンジングディフェンス」とは、マンツーマンプレスで守った後、次のディフェンスの機会にはゾーンプレスで守るなど、システムを変えるディフェンスのことです。チーム全員が確実に意思統一できるタイムアウト後にしか変えてはいけないと考えるコーチもいますが、フリースローやスローインのときなど、ゲームが止まり、プレーヤー全員がしっかりと確認できるときに、サインを出してディフェンスを変えるコーチもいます。その一方で、自動的に変えるやり方を採用するコーチもいます。シュートが落ちたらハーフコートマンツーマンディフェンス、得点したらシュートの種類によって別のディフェンスに変えたりします。

また、シュートを誰が決めたかによってディフェンスを変える方法もあります。さらには通常のゾーンディフェンスを敷いて、ガードの最初のパスが右ウイングに出されたら、そのままゾーンディフェンスを継続、左ウイングに出されたらマンツーマンディフェンスに変えるという方法もあります。ほかには１回の攻撃の中でディフェンスを変えていく方法もあります。このようにしてディフェンスを変えることで相手を困惑させ、よいシュートチャンスを作らせないようにするわけです。

日高先生の うまくなる！ 強くなる！ 3つのポイント

- ディフェンスのシステムを変えて、相手を困惑させる
- 時計が止まったときにコーチのサインによって変える
- シュートの種類や、得点したプレーヤーによって変える

戦術のポイントをオンザコートで解説

最初の攻撃を抑えられるかどうかが成功のカギを握る

チェンジングディフェンスの基本的な考え方は、相手を「驚かす」ことにあります。オフェンスプレーヤーは、これまでとは異なるディフェンスに突然出会うと、どうアタックすればよいのか戸惑い、スムーズに攻撃できるようになるまで、何度かの攻撃回を要することがあります。その間に得点差を縮めたり、あるいは広げたりしようとするのが、チェンジングディフェンスの一つの狙いです。

これを踏まえると、チェンジングディフェンスを試みたときの最初の攻撃を抑えることがカギとなります。何としても得点をさせない最大限の努力が必要です。ここで得点されると、相手に攻略できるという自信を与えてしまい、その後も余裕を持って攻撃してきます。最初のオフェンスを抑えられれば、相手に不安を与え、混乱したままのオフェンスを続けさせることができます。

ディフェンスの基本はハーフコートマンツーマン

あらゆるディフェンスの基本となる1対1のボールマンディフェンスに加え、ハーフコートのマンツーマンディフェンスのセオリーの習得に時間をかけましょう。ハーフコートのマンツーマンディフェンスは、ほかのディフェンスにも応用しやすいので、これをチェンジングディフェンスの基本にすることをおすすめします。

マンツーマンディフェンスを完成させるには、ある程度、長い時間が必要です。練習時間には限りがあることを忘れてはいけません。異なるディフェンスにそれぞれ同じ量の練習時間を割り当てていては、いくら時間があっても足りません。1対1のボールマンディフェンスとマンツーマンディフェンスの精度を上げる練習を優先することが、チームのディフェンス力アップには近道です。

オートマチックにシステムを変更するチェンジングディフェンスは、習慣化するのに時間がかかります。また、プレーヤーが緊張を強いられるゲーム中には間違えてしまうこともあり、それがチームに混乱を招いて自滅につながってしまうこともあります。

「限られた練習時間」「確実な実行」という条件を考えると、スローインやフリースロー、あるいはタイムアウトなど、プレーヤー全員の意思統一ができるタイミングで、システムを変えるといいでしょう。

Column 6

「賢さ」こそが一流選手になるための絶対必要条件

バスケットボール選手に必要な要素は、「うまさ」と「速さ」だけではない。頭のよい選手であることが、一流の競技者として成功するために必要な資質である。

ヨーロッパでは、サッカー選手に必要な資質として「TIPS」が挙げられています。TとはTechnique（テクニック）、IとはIntelligence（インテリジェンス）、PとはPersonality（パーソナリティー）、SとはSpeed（スピード）です。私なりの解釈になりますが、それぞれの内容について少し考えてみたいと思います。

テクニックとは、まさに技術のこと。インテリジェンスとは知性のことですが、バスケットボールの場合は、優れた状況判断のことと考えればよいでしょう。状況判断に優れた選手を指して「バスケットボールIQが高い」と表現することがあります。パーソナリティーとは人格のことで、プレーするうえで必要な性格全般を指しているようですが、加えて、言葉や文化が異なる国の人とも良好な関係を築ける性格のことなども含んでいると思います。スピードとは、素早い移動ができる能力（走力）を指すだけでなく、素早い動作ができる能力のことを指しています。

私はこのSに、もう一つの解釈、Strength（強さ）を加えてもいいのではないかと思っています。まとめると、順は変わりますが「うまい、速い、強い、賢い、健全な人格」です。バスケットボール選手の場合、つい「速さ」と「うまさ」だけに目が行きがちですが、「賢さ」や「人格」についても大いに目配せをする必要があるのです。

以前、サッカー日本代表の監督だった加茂周氏は、「うまい、速い、賢い」のいずれか一つでも備えていれば、高校や大学でレギュラーになれるが、2つ以上備えていないと実業団やプロでは通用しないと言っています。中でも「賢くて、速い」あるいは「賢くて、うまい」選手を評価しており、「賢さ」を重視しています。極論すれば、頭のよさが、一流競技者として成功するための資質であるということです。また、大学やそれ以上のレベルになってから「賢さ」を鍛えることは難しいのではないかとも言っており、幼いころからのこの資質・能力の開発と養成の必要性を指摘しています。

バスケットボールのゲームでは、タイムアウトやメンバーチェンジ、あるいはコートサイドからの選手への直接的な指示が可能なために、選手はついコーチの指示に頼りがちですが、ゲームの多くは選手の裁量に委ねられていることを忘れてはいけません。状況に応じた瞬時の判断、ゲームの流れに応じた適切な戦術の選択など、「賢い」プレーに目を向けて欲しいものです。

CHAPTER 7

ベンチワーク

BENCHWORK

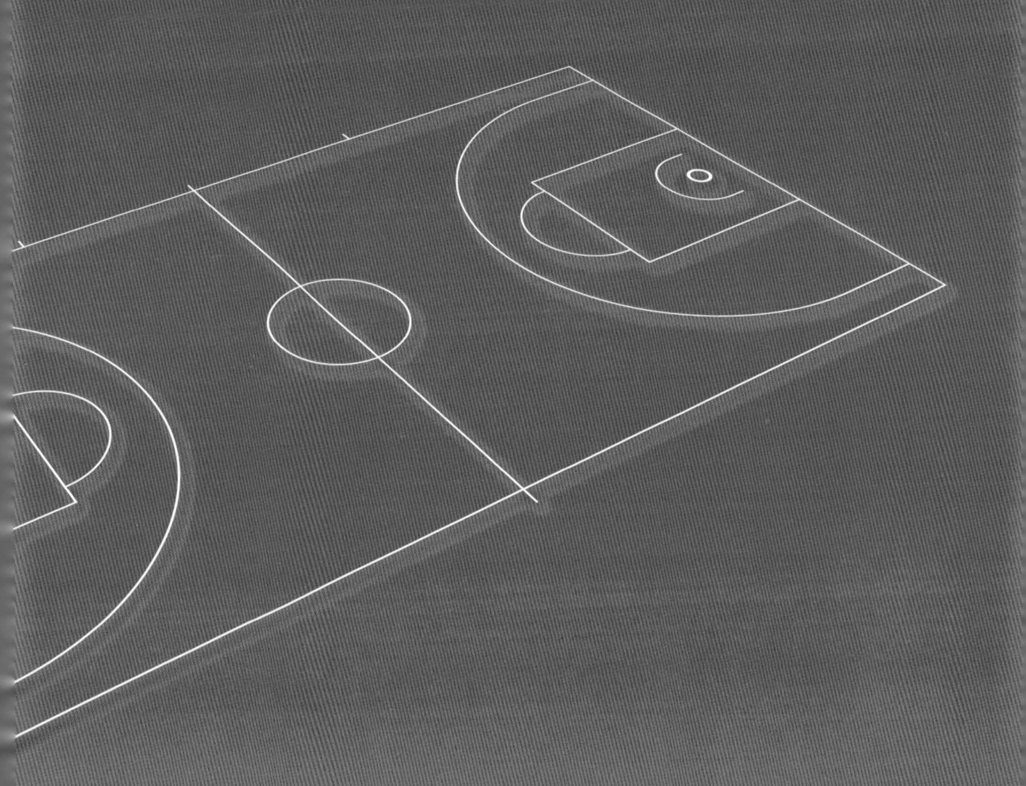

ベンチワーク

01 勝敗を左右するベンチメンバーの選び方

ベンチメンバーはどのように構成されるのか、考えたことはあるだろうか。ベンチにいるメンバーの存在こそが、試合の勝敗を左右すると言っても過言ではない。

ここでは、12名のベンチメンバーを決定する場合を考えてみましょう。まず、コート上でコーチの役割を担うポイントガードを決めなければいけません。試合の流れを読み、相手の特徴を把握し、状況判断に優れ、チームの中で最もボール扱いに秀でたプレーヤーです。体力、ファウルの数やケガなどのアクシデントも考えると3人必要ではないでしょうか。そのうち1人は、相手のガードにプレッシャーをかけることができるディフェンス能力に優れたプレーヤーにすべきです。シューターは、その日の調子に波があるので、これも3人が必要だと考えます。そしてセンターとフォワードを合わせて5人ほどを決めます。もちろん、その日の試合相手の特徴を考えて変えてもよいと思います。

そして、あと1人。私は信頼のおける元気のよいプレーヤーをベンチに置くべきだと思っています。体力や技量はともかく、普段からコーチだけでなく、チームメイトにも信頼されているプレーヤーが適任です。コーチの考えをよく理解しており、コーチとプレーヤーをつなぐ役目を果たすことができれば、なおいいでしょう。そして、チームが負けている状況においては決してあきらめず、チームを奮い立たせられる言葉や振る舞いができるということも大切な要素です。

日高先生の うまくなる！ 強くなる！ 3つのポイント

- ポイントガードは3人用意しておく
- シューター3人、フォワードとセンターが各2～3人
- 12人目は信頼のおける、チームを鼓舞できるプレーヤー

戦術のポイントを解説

「能力が高い」を基準に12人のプレーヤーを選ぶ

バスケットボールでは、ガード、センター、フォワードというポジションにプレーヤーを振り分けます。各ポジションの役割に合った資質を持つプレーヤーを、バランスよく選ぶのがオーソドックスなベンチメンバーの選び方です。左のページでは、その原則に則ったプレーヤーの選び方を解説しています。

一方、近年のバスケットボールでは、ポジションの垣根がだんだん低くなってきています。センターのプレーヤーにも、ドリブルやパスといったボールハンドリングの技術が求められますし、ガードの選手も積極的にランニングリバウンドに飛び込むことが必須になっています。そのような状況を踏まえると、必ずしもポジションに固執したメンバー選びをするのではなく、「技術ありき」の人選をする方が自然な場合もあるのです。つまり、「能力の高い選手、コンディションが整っている選手を12人選ぶ」という考え方です。

もちろんこの場合は、選んだメンバーに応じた戦術や戦略が必要になってくるので、日ごろの戦術練習やコミュニケーションを深める工夫、試合でのベンチワークが一層大切になってきます。

ゲームに必要な元気なプレーヤー

ゲームには、最高のメンバーで臨まなければなりません。最高のメンバーとは、チームの活動目的である「勝つこと＝勝利」に向けて、チームとして最高の力を発揮できるメンバーのことです。バスケットボールのゲームが勝敗を決するものである限り、その活動目的が大きく異なることはないでしょう。

ゲームでは、よい状態をずっと維持できるわけではありません。苦しい場面にも遭遇します。そのとき技量よりも、「勢い」といったものが必要になることがよくあります。そのような局面に立ち向かうため、元気のよい、チームメイトを鼓舞できるプレーヤーをベンチに入れておく必要があります。どんな状況でもゲームを捨てず、コーチの意向をよく理解して、チームメイトにそれを分からせながら、勝利に向けて叱咤激励できるプレーヤーです。

こういったタイプのプレーヤーは、日ごろからチームのことを第一に考え、練習においても決して手を抜かず全力を尽くし、チームメイトからも認められているものです。このようなプレーヤーが、チームの危機を救ってくれるのです。

ベンチワーク

02 試合を優位に進める タイムアウトの取り方

ゲーム展開が悪いとき、手をこまねいていては取り返しがつかなくなる。タイムアウトを取って、的確な指示を出すことが重要だ。

タイムアウトは、前半2回、後半3回要求でき、相手チームのそれと合計すると1試合に10回のタイムアウトが取れることになります。これにクォーター間の2分間のインターバルが2回、加えてハーフタイムがありますから、指示を徹底できる機会はゲーム中に最大で13回あるわけです。これを有効に使わなければいけません。計画したやるべきことができていないとき、ゲームプランを変更しなければならないとき、特別な攻め方や守り方を伝えなければいけないとき、あるいはゲームの流れを切って相手の勢いをそがなければならないとき、などにタイムアウトを要求します。

タイムアウトを要求するタイミングは多くのゲーム経験から得られ、直感や勘として養われるものでしょうが、ゲームを観察するときの具体的な視点を頭に入れておけば、その経験の少なさを補えるはずです。

その例をいくつか挙げてみましょう。

計画したことをゲームで行っているか、相手のオフェンスの特徴は何か、ブロックアウトは忠実に行われているか、などです。これらはほんの一例ですが、どんな場面でうまくいっているのか、調子が良い、または悪いプレーヤーは誰かをチェックしながら、試合を観察するようにしましょう。

日高先生のうまくなる！強くなる！3つのポイント

- 最大で13回、指示を徹底できるチャンスがある
- タイムアウトを取る効果的なタイミングを見極める
- ゲームを見る視点をしっかり持つ

戦術のポイントを解説

指示で大事なのは最後の言葉

タイムアウトの60秒のうち、最初の20秒はプレーヤーたちに与え、お互いの意見交換ができるようにします。コーチはその間に言うべきことを整理します。そうすれば、相手の予期せぬタイムアウトにも対応できます。そして、コーチがプレーヤーたちの輪の中に入ったら、私語はすべて禁止です。プレーヤーたちにはせいぜい2つか3つのことしか指摘できませんが、彼らの頭の中に残るのはベンチを離れるときに聞く最後の言葉だということを覚えておきましょう。明瞭な言葉で話し、的確な指示を行います。もし、練習したことのない技術や戦術を遂行するよう要求しなければならないとすれば、それは日ごろのコーチングの失敗だと考えるべきです。奇策はコーチの自己満足にすぎません。練習したことをゲームに生かすようにします。

指示の出しすぎは厳禁 タイムアウト請求の直感には従う

プレーヤーが一番欲していることは、今日のゲームで自分はどのような役割を果たせばよいのかという具体的な指示です。ただ「頑張れ」だけでは、プレーヤーは困ってしまいます。やるべきこと、やってはいけないことを具体的に指摘してやるようにします。

自分たちがうまくいっているときは、もちろんタイムアウトは必要なく、ディフェンスやオフェンスに変更を加えることなど不要です。オーバーコーチング（指示の出しすぎ）には気をつけます。といっても、悪化するゲーム状況をただ見守るだけのベンチワークも困ります。コーチはティーチャーであり、リーダーです。進むべき方向を指し示し、危機的状況においては決断を下さなければなりません。タイムアウト請求の直感や勘が働いたら、それに従うべきです。経験を積み、「経験知」を蓄積していきましょう。

ベンチワーク

03 テンポを変えてゲームを支配する

ゲームのテンポを上げたり下げたり、意識的にコントロールできればゲームを支配できる。テンポにはどのような意味があり、価値があるのかを知っておこう。

「ラン＆ガン」と呼ばれる、素早くボールを運んでファーストチャンスでシュートを打つような、アップテンポのゲームを得意とするチームが多くなってきています。このようなチームに対してアップテンポで対抗してよいものでしょうか。自分たちの好むテンポがアップテンポであり、明らかに相手よりも力が勝っている場合はそれで構いませんが、劣っているときにはテンポを変えて戦わなければいけません。ゆっくりとしたテンポで戦うようにします。チームとしては、少なくとも２つのテンポを備えておく必要があります。

チーム力の差によって、テンポは変える必要があります。相手の方が優っている場合、一般的にはテンポを落とします。相手の方が劣っている場合はテンポを上げます。同等の場合は相手が得意とするテンポとは違うテンポで戦うようにしますが、不安であれば、自分たちの最も得意とするテンポでプレーしてよいと思います。

疲労や試合が続いて集中力が落ちているとき、コンディションが悪いとき、あるいはケガ人が多いときなども、テンポを変えて戦わなければなりません。相手がそういう状態であれば、テンポを上げ、自分たちがそうであればテンポを落とします。

- 少なくとも2つのゲームテンポを備えておく
- 相手の力量によってゲームテンポを変える
- 試合状況に応じてゲームテンポを変える

戦術のポイントを解説

攻撃＆防御の回数を減らすと力の差が表れにくい

例えば、1回限りのゲームをするとしましょう。このときの勝敗の確率は五分五分です。しかしゲーム数が多くなると、見えにくい小さな力の差が表に出てきます。プロ野球を例に考えてみてください。その日のゲームの行方は未知数だとしても、シーズンが終わってみると力の差が順位となって顕著に表れているはずです。戦う回数が少ないと力の差が表れにくいと考えてよさそうです。

テンポを落とすとは戦う回数を減らすことだと考えればよいでしょう。シュートを打つまで時間をかけ、相手にも簡単にシュートを打たせないような固いディフェンスを敷きます。時間を使わせ、攻防の回数を減らすようにします。逆にテンポを上げるときには、トラップやゾーンプレスなどを敷き、相手に早撃ちのシュートを強いる一方、オフェンスでは早いタイミングでシュートを打ちます。

ゲームテンポを変える様々な例

ゲームの展開を見ながらテンポを変える必要もあります。点差、残り時間、勢い、チーム力などを考慮して、テンポを変えます。例えば、ゲーム序盤で20点差をつけられたら、一気に詰めようとせず自分たちのペースを守りながら、じっくりと粘り強くゲームを展開していきます。前半を終わって20点という大差をつけられたら、後半の立ち上がりの5分で10点差にまで追いつくように集中し、残り10分で4～5点差まで持ち込むようにします。ゲーム終盤に大差で負けていたら、ゲームテンポを上げるようにフルコートのディフェンスを仕掛けます。

逆にゲーム序盤で点差を開けることができたら、固いディフェンスを敷き、点差をさらに広げるように努力します。前半で20点もの大差をつけることができたら、相手にレイアップシュートを許さず、ハーフコートディフェンスに持ち込むことで試合時間を消費させます。

ゲーム終盤でリードしている場合、うまくいっているディフェンスを変え、さらに点差を広げようなどとはせず、またメンバーを変えるなどの余計な手を打つ必要もありません。オフェンスで時間をかけようとするときは、ディレードオフェンスを行います。フリーオフェンスしか用意していないときには、パスを5回以上回してからシュートに持ち込むなどの作戦を取るといいでしょう。残り時間が少なくなり拮抗しているときには、ディフェンスとオフェンスの策を駆使し、緻密な駆け引きを行わなければなりません。コーチにとっては、まさに醍醐味です。

ベンチワーク

04 試合の流れを変えるメンバーチェンジとは?

サッカーや野球と違い、バスケットボールでは一度交代してベンチに下がっても、再びゲームに参加できる。メンバーチェンジを積極的に活用すべきだ。

メンバーチェンジはチーム力を落とさないようにするためのものです。交代によって、チーム力を上げることができればベターです。

プレーの質を落とす大きな原因の一つは、疲労です。疲労したプレーヤーをベンチに下げて、体力的にフレッシュなプレーヤーをコートに入れ、チーム力を維持するようにします。

ファウルの数も問題になります。ただ、ファウルの数で機械的にメンバーチェンジをする必要はありません。試合に出たいプレーヤーであれば、ファウルを自重するものです。柔軟に対応しましょう。

ディフェンスで破られているプレーヤー、オフェンスでうまくプレーできていないプレーヤーは、メンバーチェンジの対象です。局面を打開するためには、全く持ち味の異なるプレーヤーを投入すべきです。リードされている場面では意外性のあるプレーヤーが、リードしているときには手堅いプレーヤーが適しています。

オフェンスは5人のハーモニーが必要で、メンバーチェンジで流れが悪くなることもありますが、ディフェンスでは1人が突出して頑張りすぎたからといって悪くなることはありません。

日高先生の うまくなる! 強くなる! 3つのポイント

- プレーヤーの疲労は大敵、素早く交代させる
- ファウルの数を頭に入れて、メンバーチェンジをする
- 状況を把握し、適材適所でメンバーチェンジをする

戦術のポイントを解説

ベンチで叱責は禁物 指示には気配りが必要

計画したことから逸脱したプレーを認めるわけにはいきません。メンバーチェンジを行い、そのプレーヤーをベンチに戻して確認させますが、ベンチで大声で叱責するのは、公衆の面前であるだけにプレーヤーのプライドを傷つけます。気配りが必要です。

プレーヤーは出番を待っていますが、それがやり甲斐のあるものでなければいけません。自分をシューターと思っているプレーヤーは、ディフェンスで頑張るよう役割を与えられてコートに送り出されても、なかなか力が湧いてきません。新人であれば、試合に出られるだけで大きな喜びになるはずです。

コーチはプレーヤーの心理状態への配慮をする必要があるのです。

具体的な指示をすると プレーがしやすくなる

メンバーチェンジで出場する選手に、具体的な指示を出さなければならないことがあります。「リバウンドに飛び込め」、「動きを止めず相手を疲れさせろ」、「ボールをもらいシュートを狙え」、「ディフェンスでプレッシャーをかけろ」など、簡単な指示でよいと思います。どんな役割を果たすべきか具体的に指示するようにします。そうすることで、ベンチから出ていくプレーヤーは自信を持ってプレーできます。

全員をゲームに出して モチベーションアップ

プレーヤーは誰しもゲームに出たいと強く思っています。それがたとえ1分という短い時間でもゲームに出たという事実が、モチベーションアップにつながります。ベンチ入りしたプレーヤーは何とか全員ゲームに出したいものです。

例えば、第1クォーターの残り1分30秒くらいは、接戦のときには出せないプレーヤーを出場させるチャンスです。残り時間から予想される攻防の回数を考えても、ここから大差になることは考えにくいからです。特にこちらがディフェンスのときに、そのようなプレーヤーをゲームに出すといいでしょう。きっと頑張ってくれるはずです。ディフェンスでの頑張りすぎはチームに大いにプラスになりますが、オフェンスのときのそれはチームオフェンスのハーモニーを壊しかねず、マイナスに働くこともあるので、注意が必要です。

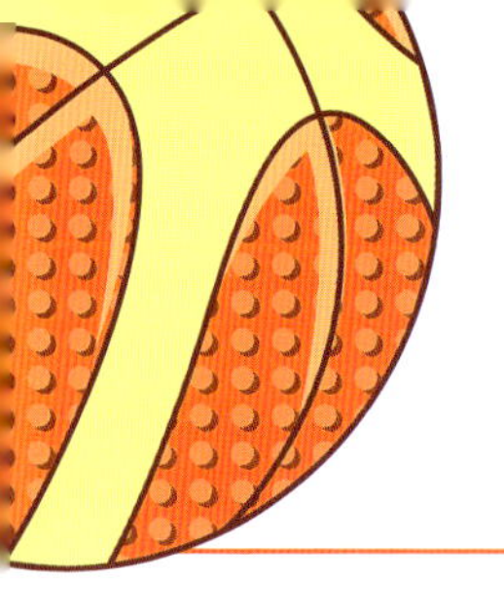

おわりに

私がバスケットボールを初めて見たのは、小学５年生のとき。たまたま雨宿りのつもりで立ち寄った高校の体育館で行われていたバスケットボールの大会でした。当時は、プロ野球選手を夢見る生粋の野球少年でしたが、それ以来、バスケットボールの魅力にとりつかれ、今日まで50年近くも携わることになりました。

指導者という立場になってからは、現在は浜松工業高校で教鞭を執っておられる矢田晶久先生に、バスケットボール関連の書物やビデオ、あるいはDVDを数多くお借りし、常に新しい知見に触れることができました。そこから得た知識と、触発されて生まれたアイデアは、私の貴重な財産です。現在でも「勉強」は進行中で、いまだに新鮮な驚きがありますし、バスケットボールには尽きることのない魅力があることを実感しています。

本書を手にとっていただいたみなさんには、さらに貪欲に情報を得て、私よりもずっと先を行ってもらいたいと思います。本書がその契機になってくれれば、無上の喜びです。本書に書いたことは、決して普遍的なものではありません。あくまで、現時点で多くの支持を得ている考え方であって、改良・改善を加えていく必要があるのです。

みなさんそれぞれの力で、バスケットボール界を牽引していってくれることを願っています。

日高哲朗